内田　繁

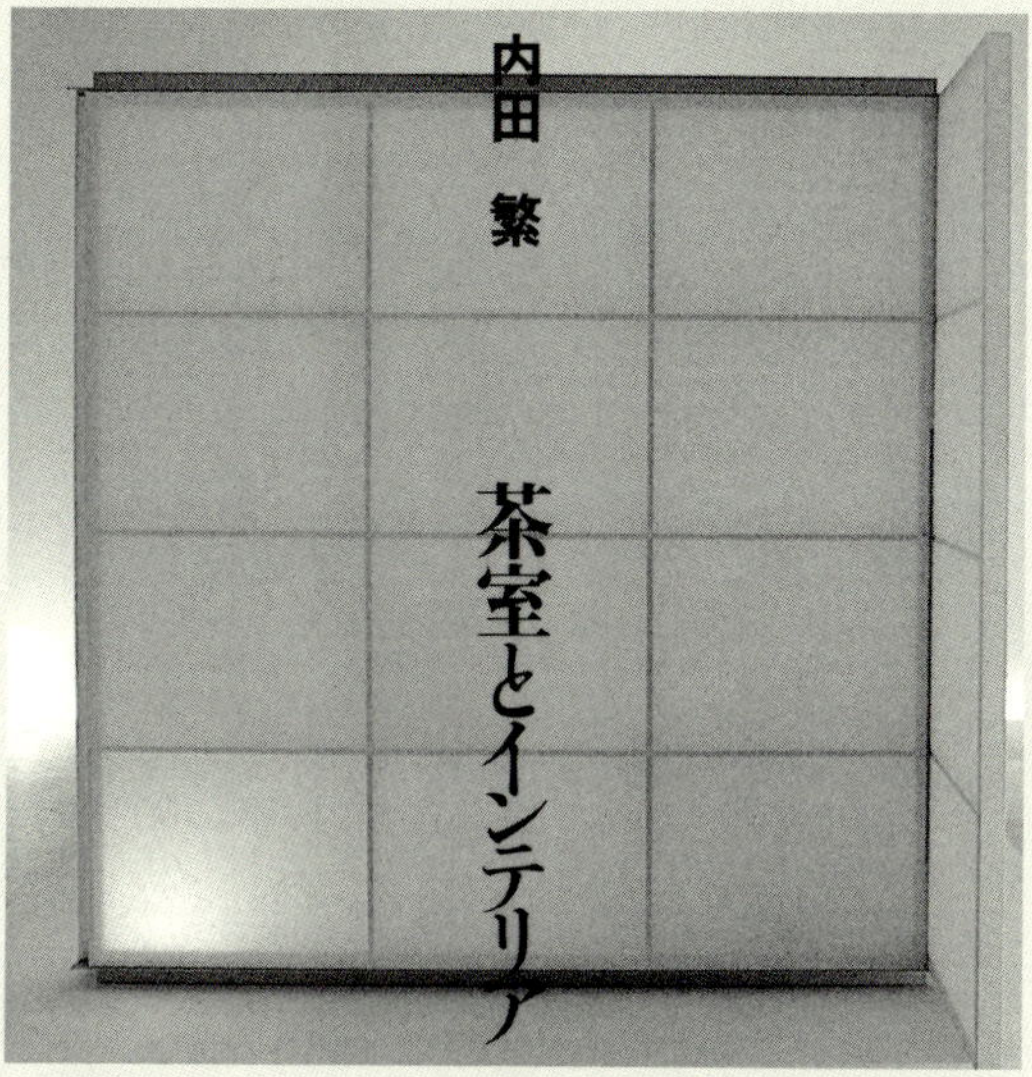

茶室とインテリア

暮らしの空間デザイン

工作舎

茶室とインテリア［目次］

第1章 座

脱ぐ文化、座る文化

第2章 間

柔らかな仕切り

第3章 風

涼味の演出

第6章 談

第7章 飾

第8章 祀

第9章 色

第10章 心――住まいの将来

如庵躙口

ゆく河の流れは絶えずして、しかも、もとの水にあらず。
よどみに浮ぶうたかたは、かつ消え、かつ結びて、久しくとゞまりたるためしなし。
世中にある、人と栖《すみか》と、又かくのごとし。
◉鴨 長明———『方丈記』

第1章

座

◉脱ぐ文化、座る文化

靴を脱ぐ日本人

最近、身体感覚が自分の仕事のなかに自然にあらわれてくるようになりました。以前は理念や概念が先行し、自分自身の身体はどこかに置いてきたという感じが否めませんでしたが、このところ身体感覚を強く意識するようになっています。

家はそこに住む人の身体感覚を育みます。もちろんそれは、国や地域や民族によって異なります。ヨーロッパのデザイナーたちとつき合うようになってから、とくにその微妙な違いを感じるようになりました。その違いは、雑駁にいうと、椅子の文化と座の文化の違いということになります。

履物、現代ならば靴を脱いで家に入り、床に座るという生活を、日本人はまったく疑問をもたずに行っています。しかしこれは、なかなか特殊な暮らしぶりです。座るということだけなら、アジア一帯、だいたいの地域で行われてきました。床に直接座ること自体は、不思議な行為ではありません。ただしそれにともなって履物を脱ぐということになると、地域的にかなり限定されます。もちろん、アジアの高温多湿の地域では、履物を脱ぐことで暑さをしのぐという意味合いがあります。ところが日本と韓国では、履物を脱ぐ行為を、暑さ寒さの問題、気候風土の問題とは別のところで習慣化してきました。履物を脱いで家に入るという行為は、何を意味するのでしょう。「沓《くつ》脱ぎ」そのものは、あらゆる文化に見ることができます。それは聖なる場に踏み込むための行為です。イスラム文化圏でもインドの寺院でも、あるいはキリスト教でも、聖なる場所には土足で入ってはならないというタブーがあります。

そう考えると、日本の「沓脱ぎ」の行為も、聖なる場所へ向かうという意識をともなっていると見ることができます。つまり日本では、家自体が聖なる場所だという認識が強いのではないでしょうか。それが日本の生活文化の大きな特性だといえるかもしれません。そして、この履物を脱ぐ、床に座る、という二つの習慣こそ、日本文化における身体性の基本となるものです。

家具としての住居

明治以降の西洋化の一端として、「家具」という概念が本格的に流入してきたとき、日本人はとまどったはずです。私自身も日本文化における家具について正面から語ろうとすると、

沓
日本の「くつ」は、革、木、麻、藁などでつくられ、儀礼的な要素が強く、束帯・衣冠のときには、浅沓、靴（かのくつ）などが用いられた。いわゆる洋風の靴は、明治初年から外国人技師を招いてつくられた軍靴がはじまり。民俗学的には、履物を脱ぐだけでなく、履き替えることもまた、別の世界へ入る行為を象徴している。

困惑してしまいます。そもそも日本古来の住居が、はたして建築と呼べるものだったのだろうかという疑問があるからです。日本の住居は、もしかすると巨大な家具だったのではないかとも考えられます。西洋的な意味では、それはどちらでもあるし、どちらでもないのでしょうが、日本では家自体を家具であると考えてもいいと思います。だから、そのなかにあらためて家具をもち込もうとしたとき、多くの日本人は対処の仕方がわからなかったのかもしれません。

一方で、住生活には、その時代の文化に潜在する先鋭性や野心や欲望が反映されます。つまり、格好いい暮らしがしたいと思うわけです。ここ数十年は、西洋的なるものが格好いいと思われ、何とか椅子の暮らしぶりに自分の生活を合わせようと努力してきました。それは別に悪いことではありません。ところが履物を脱いで椅子に腰かけるというのは、よく考えるときわめて奇妙な行為です。本来、靴を履いたままの文化だから椅子があるわけです。靴を脱ぐのは、人が解放されること、あるいは清潔な場にいることの証しでもあります。靴を脱いでさらに椅子に腰かけるのは、いってみれば王侯のためのスタイルです。日本の住文化の歴史のなかで、土間は板の間となり、畳の間へと変化してきました。かつては土間に藁などを敷いて座っていました。現在も農家には、土・板・畳の三つの要素の

土間

土間床ともいう。必ずしも地面のままではなく、叩き土や漆喰塗りしたものを含む。民家では「にわ」と呼ぶことも多い。地方によって、「うすにわ」「うしにわ」「おしにわ」「うすや」「うすば」「うしな」「つきや」「つきにわ」「土みざ」「とおり」などと呼ばれる。

ある家が残っています。土間があって板の間があって、奥に畳の間があるという家屋構造には、ヒエラルキーがあります。つい最近まで、畳の間はめったに使わない大切な場所であり、貧しい農家では、土間にモミガラを敷いて生活していました。

寝殿造におけるように、畳はもともと特別な場所です。室町末期に書院建築が成立するまでは畳を敷き詰めることはなく、必要なところだけに畳を敷いていました。敷いたところが貴賓席です。あるいは、板の間と畳の間は明瞭に分割されていました。それが書院建築によって全部が畳の間となり、新しい巨大な家具がつくりあげられたわけです。

水平の世界での暮らし

座る暮らし、履物を脱ぐ暮らしが、建築に形を与えると、ますます文化の特性が強調されていくことになります。重要なポイントとして、水平感覚があります。一般論としても、西洋建築がつねに垂直のイメージをともなっている一方で、日本建築は水平のイメージとともにあるとされてきました。それにはいくつかの理由があります。

一つは日本の建築用材の檜や杉は、縦にきれいに割れることによります。だからこそ、日

寝殿造
平安時代の公家の住宅形式。寝殿と呼ばれる正殿が中央南面に、庭に向かって位置するため、その名がある。建物はすべて桧皮葺で床は板敷を基本とし、随所に畳を置いて座とした。

書院造
室町時代に誕生し、桃山時代に発達完成した建築様式で、現代に連なる日本の住宅様式の基調をなすものとされるが、御殿建築や草庵などに対し、簡雅高尚なものも書院造という。主な特色は、上段構の結構、床、違棚、付書院、帳台構(納戸構)の整備、天井の制、飾金具によって上位を示し、次の間、三の間、脇の間、控の間、広縁などを配したものである。

本建築や工芸は、水平性、あるいは直線性を大きな特質とし、それを極めてきた文化だといわれるわけです。

伝統的な西洋建築はまず、開口部が縦長です。西洋の石積み建築では、横に長く開口すると、構造が支えきれないためです。なるべく間口を小さくして、採光面積を大きくするために窓や戸口を縦長に開口してきました。

日本の水平性には、もう一つの理由があります。視線の問題です。座った姿勢では、視線はつねに左右方向に移動します。それは遠くを見る視線、眺める視線とはかなり異なっています。西洋文化では、垂直の視線、つまり眺める視線や遠くを見る視線が強調されてきました。建築構造はもちろん、遠近法や自然科学の発展とも深くかかわっています。一方、水平の視線は、うつろいを感じとる視線、観相する視線といってもいいかもしれません。

もし西洋風建築を志すなら、あるいはそのような建築が欲しいならば、難しいことを考える必要はありません。縦長の窓をきれいに配列すれば、どんなマテリアルでも西洋的な建築になります。

日本の窓は、「間戸《まど》」つまり柱と柱の間のことです。今日使われている一般的な窓の概念は、壁があるから成立するものです。ところが日本建築にはもともと壁がありません。ウッ

（空）、すなわちがらんどうの空間を基本としているため、柱と柱の間が窓と呼ばれていました。そのような横長の開口部をもつ建築構造と座る文化が、左右に移動する視線を生み出しました。われわれの感覚の裡には、そういう身体性が植えつけられています。

日本で室内を整えるとき、空間を分割するときに、つねに水平に流れるようにデザインされるのは、当然の帰結なのかもしれません。それほど日本的デザインには水平感覚が強いのです。

神籬《ヒモロギ》と銀座煉瓦街

座る文化だけにかかわる問題ではありませんが、日本人は空間を物理的というより認識的にとらえてきました。たとえば空間を二つに分割するとき、西洋的なデザインでは、壁のようなものを使って物理的に仕切ります。一方われわれは、一本の敷居だけでそこから違う空間がはじまることを了解できます。そこから先には簡単に入ってはいけないことがわかるわけです。非常に微妙な感覚です。微妙であり、また不確かな原則でありながらも、われわれが、そうしたことを守り続けることができたのは、空間の見方の根底で、そうい

神籬と依代

神籬は、玉垣を結い常緑樹などを植えめぐらした浄域に置かれたもち運び可能な神祭施設。もともとは、天津神系統の依代であったとされる。また榊などを立て、それを臨時に神の宿る依代としたもの。依代本体は常緑樹が一般的だが、岩や刀などであることも少なくない。

う認識的な特性を受け継いできたためではないでしょうか。

この空間の認識性は、非常に重要なテーマです。たとえば神を招来するとき、四本の柱を建て、柱を注連縄で結ぶだけで、神の空間、神籬《ヒモロギ》、すなわち結界になります。神籬の中央に榊のような依代《ヨリシロ》を置くと、そこに神が降臨するわけです。そのような認識的な空間はまた、行事が終わると、とり壊して、もとの日常の世界に戻すことができます。西洋の教会のように、つねに堅牢な建築構造の中心にキリストやマリアが存在しているわけではありません。

西洋的な現代住宅を受容する際、日本人は大きな間違いをおかしてしまったのだと思います。プライバシーという言葉と西洋の空間の仕切り方を、あまりにも厳格に受け入れ、一つ一つの部屋を密室にしてしまいました。必ずしもそうである必要はないし、むしろそれは日本人にとっては息苦しいものです。

明治時代に銀座に煉瓦街をつくり、テナントや居住者を募集しましたが、入居者がいっこうに集まりませんでした。煉瓦のなかに住むと身体が腐るという噂も流布されました。風通しの悪い空間での生活はまともではないという共通認識があったわけです。われわれは、現在もそういう身体感覚のなかにいます。つねに流動し風通しがよく、自由な空間のあり

方をどこかで求めているはずです。

うつろい、うつし、うつわ

もう一つの日本人の空間の見方の特性に、空間は変化し続けるものだという認識があります。生活空間も、いつでも自在に変化させることができると考えてきました。一つの空間に恒常的な目的がありません。その場で起こる事態や儀式によって、空間はいつでも変貌しうるわけです。日本の暮らし方が、変貌を望んでいるということもあるでしょう。季節も、大きな変動要因になります。節句をはじめとして、ほとんどの儀礼は季節とともにプログラミングされています。日常生活においても、春になれば、まずいちばんに部屋のなかに春をとり入れようとしてきました。

現代において自然と隔絶してしまったわれわれは、積極的に自然を手に入れないと、自身のなかの自然をも見失ってしまいます。その回復の方法が、飾りです。季節を室内空間に移し、その変化を楽しむわけですが、実はそれが可能であるのは、履物を脱ぐためでもあるのです。履物を脱ぐ暮らしでは、空間がすみずみまで自在に使えます。椅子やテーブル

部屋と儀礼
四季の変化はもちろん、雛祭やお盆、さらには冠婚葬祭などの行事によっても部屋の飾りや表情は変化する。もともとがらんどうの空間であるため、日本の部屋は、生活の場からイベントスペースへと簡単にその姿を変えることができる。近代以前は、結婚式も自宅で行うものだった。右頁の図は江戸時代末期の長崎の絵師、川原慶賀の作品。「元服」(右)と「歳祝い」(左)(オランダ・ライデン市国立民族学博物館)。ほとんど同じ間取の部屋だが、掛け軸や屏風や飾りもので、それぞれの人生の晴れ舞台にふさわしい演出がなされている。

があると、そうはいきません。椅子は、座るという機能が限定されていて、またその存在そのものがほかの場所には座りにくいという制約にもなっています。西洋的な家具はそのように空間を限定します。限定しないのが、日本のやり方です。床さえもテーブルになります。そういう可変性や自在性は、履物を脱いでいることに起因しています。すみからすみまで、どこも清潔だということでもあります。

お雛様や結納なども、西洋的な限定空間では置く場所に困るでしょう。空間を可変的なものとしてとらえることで、季節や儀礼にも臨機応変に対応できるわけです。

日本の文化は「ウツ」の文化です。「うつろい」の文化といってもいいでしょう。うつろいはまた、「うつし」や「うつわ」という言葉を生みました。うつろう季節を室内にうつし、人の心にうつしこんでゆく、そういうノウハウを洗練させてきた文化です。それが飾るということの基本にあります。

そのような失われつつあることをもう一度見なおすには、きっかけが必要でしょう。飾るという行為も、モダニズム建築のなかでは意味のないこととして切り捨てられてしまいました。「装飾は罪である」(ミース・ファン・デル・ローエ)とか、「家は住む機械である」(ル・コルビュジェ)という言い方がなされてきました。機械論的・機能論的に家をとらえているわけで

ミース・ファン・デル・ローエ (Ludwig Mies van der Rohe 1886–1969) ドイツ出身。一九〇五年ベルリンで、インテリアデザイナーのB・パウル、P・ベーレンスの助手をつとめたのち、独立。ガラスの摩天楼案やフリードリヒ街事務所ビル案などで、鉄とガラスとコンクリートによる事務所建築の将来を予見した。二九年、バルセロナ国際博覧会のドイツ館で世界的名声を博した。三〇年、バウハウス最後の校長に就任。ナチスから逃れ三七年に渡米、四四年に帰化した。

す。空間やものだけでなく人をも、西洋では固定した関係性でとらえる傾向があります。日本では、空間も人も自在に関係を変化させていきます。これは相当に高度な生活文化だと思います。

道具としての障子

ものに用途があるのは当然です。今日いわゆる美術品と呼ばれているものの多くは、日本ではもともと道具でした。ただしその使い方は、近代のユニバーサル・デザインの考え方とは、大きくかけ離れています。ユニバーサル・デザインでは、どんな人でも、どのようなときでも、どこでも同じように使えるものを善しとします。日本の場合、ある場面では輝いても、それ以外では輝かないということを許容します。そういうときに無理して使うことはありません。それは季節感覚のプログラムにも通じ、あるシーンや状況を、非常に大切にするということでもあります。

障子や襖などの建具も、道具です。西洋的な芸術ではないのと同時に、それらは建築の一部でもありません。道具だから、いつでも変えることができます。今日はおめでたい日だ

ル・コルビュジェ (Le Corbusier 1887–1965)
スイス出身。本名、ジャンヌレ。ベルリンのP・ベーレンスなどの事務所を経て、パリに定住。一九二二年に事務所開設。二八年、グロピウスらと近代建築国際会議を発足、その中心メンバーとなる。大戦中には、基準尺研究の成果として「モデュロール」を発表。五五年には、インドのチャンディーガルで都市計画構想を実現。吉阪隆正をはじめ、日本人の弟子も多い。

からといって、納戸《なんど》や蔵にある襖を出し、昨日までの日常空間を祭礼空間に一変させます。仮設文化といってもいいかもしれません。少し前までは、引っ越しのときに襖や障子などの建具をリアカーに積んで運んでいきました。それらを引っ越した先の借家の部屋に入れた途端、そこが自分の部屋になるわけです。

日本では、変化しないものは生きていないと考えられてきました。生きているものはつねに変化するという思いが、日本文化の根底にあります。

千利休の裏切り

日本人は、近代になって壁の世界に暮らしはじめました。かつては柱と屋根を基本構造とするがらんどうの建物に、御簾《みす》や蔀戸《しとみど》などを立てて仕切るというのが、本来の暮らし方でした。やがて建具が生まれ、空間の仕切りが少し意識的になりましたが、それでもがらんどうには変わりがありません。壁がないのが日本建築の原点です。

しかし、日本建築でも茶室は、壁の建築です。あれは千利休の見事な逆説的創造です。壁のない文化に、いきなり壁をつくってしまいました。それまでの抽象的な建築に対し、物

建具
閉(た)てる具をあらわし、可動の戸と建具枠で構成され、建築の開口部を開閉するものの総称だが、建具職が製作するものを指すことも多く、木製の戸、襖、障子、衝立、欄間の透かし彫りなど、おもに可動の工作物をいう。

理的な建築を対置したわけです。しかも利休は、部屋を非常に小さな小間《こま》というものにすることにより、空間の抽象性を純化するという離れ業をやってのけたのです。まさに、革命的な出来事といってもいいでしょう。

しかも利休は、水平感覚をも裏切ったといえます。そもそも茶室の軸は、中国伝来のものですから、縦長です。そういう意味では、利休はあらゆるものを裏切ってみせたわけです。ところが、利休から古田織部《ふるたおりべ》にうつり、さらに織部から小堀遠州《こぼりえんしゅう》にうつると、また水平の世界が戻ってきます。日本の文化は行ったり来たりしているようです。

庭も行ったり来たりです。作庭には二つの大きなアプローチの仕方があります。自然に従う考え方と、自然を造形する考え方です。十一、二世紀のころは自然に従っていましたが、禅宗文化が入ると自然を造形しはじめ、石の庭が多くなりました。空間的にも、季節によっても大きな変化のない庭をつくろうとしています。東山文化のころにはふたたび自然に従う庭になり、利休がそれを完成させます。ただし自然は厄介で、放っておくと荒れてしまいます。だから利休の「自然」は、実はかなり嘘の自然であって、人工のものをあたかも自然のように見せる技でした。それを織部がどんどん壊して、造形するようになり、遠州にいたっては石だらけになります。

千利休（1522–1591）
本姓田中、通称納屋与四郎、先祖が室町家に仕える千阿弥だったため千氏と改めたという。堺の魚問屋に生まれ、十七歳で北向道陳、ついで武野紹鷗に師事。以来茶法の研究を続け、大徳寺の笑嶺和尚に参禅し宗易と称した。最初の茶会は二十三歳のとき、一五六五年には松永久秀の茶会に招かれ、茶匠としての才能をあらわす。織田信長に謁して以来、その茶頭となり、信長死後は秀吉に仕え重用された。八七年には、北野天満宮における「北野大茶湯」を推進。正親町天皇より、古渓和尚の選する「利休」の名を与えられ、利休居士と号した。大徳寺山門の楼上に自身の木像を置いたことなどが不敬不遜の行為としてとがめられ、九一年、秀吉の命により自刃したとされている。

空間にもそういう揺れと戻りがあります。しかし潜在的には、水平感覚がつねに受け継がれてきました。

身体感覚とインテリア・コーディネーション

現代の日本の生活で家具を選ぶポイントは、なるべく低いものを選ぶことです。日本人は靴を脱いで椅子に座っていますが、普通の椅子は、靴をはいた状態で座るように設計されています。しかもわれわれは西洋人ほど足が長くありません。靴を脱ぐということを頭に入れておかないと、気に入ったソファを買っても、合わないことが多いものです。

日本では、戦後、とくに椅子の暮らしになって、床からだんだん離れていきましたが、逆に西洋の暮らしでは、一九六〇年代くらいからしだいに生活の基準面が低くなり、床と椅子の関係が近くなっています。

ソファでくつろぐ生活スタイルをやめるという考え方もあります。ダイニングのテーブルを中心に、椅子をもう少し豊かなものにするというものです。西洋でも流行っている手法です。リビングでは床に直接座ればいいわけです。だいいち、ソファがあっても、多くの

御簾
簾の特に上等なもの。平安時代の内裏や寝殿造で用いられはじめたとされ、母屋と庇、庇と広庇の境の柱間の内側の上長押(なげし)から垂らされた。

蔀戸
碁盤目に桟を取り付けてあるものを「蔀」といい、これを吊戸としたものを蔀戸という。羽目板に用いた場合は、蔀羽目と呼ばれ、数寄屋の腰掛の脇などに用いられることもある。またこうした碁盤目格子付の窓を蔀窓と呼ぶ。

庭
土間(はにま)を語源とするといわれる。本来、陸地にかぎらず海でも行事をとり行う広い空間をあらわしていた。いわゆる庭は、飛鳥・奈良時代には「島」、平安時代には「園(その)」と呼ばれた。

日本人は床に直接座りたがります。

テーブルの高さは七十センチくらいが適当でしょう。サイドボードの高さは、一般的には九十センチくらいですが、意図的にテーブルと同じくらいの高さにすると空間が広く感じられます。高さのバランスを上手に整えることが大切です。デザイナーたちはこれまで、あまり空間を高さという目で見てこなかったのかもしれません。

西洋的な高さでもなく床に座る伝統的な日本の高さでもない、新しい日本の高さがあってもいいはずです。伝統的な日本の高さは、一尺から一尺五寸、四五センチくらい、西洋的な高さは九十センチほどです。そういうことを意識しながら、飾り棚を工夫したり、収納を機能的にするといいかもしれません。

明治期に茶の湯に立礼《りゅうれい》ができ、基準となる高さを変えたように、現代のインテリアにもまだ工夫の余地があると思います。

サイドボードや棚の上は、床の間だと思えばいいわけです。低目にしておけば、たとえ天井が低くても天井までの距離が残ります。上手にやらないと退屈な空白が残りますが、そこには掛け軸もかけられるはずです。軸は伝統的な床の間に限られるわけではありません。日本には置床《おきどこ》というものがあります。小さい空間でも、それを置くことによってそこが床

立礼
明治初期に京都で万国博覧会が催されたとき、裏千家によって外国人の来客を予想して公案された椅子式点前。

の間になるという考え方です。認識的な空間把握が背景にある道具の使い方といえるでしょう。

空間をウツに戻す

ちなみに、いちばん最初のインテリアはお掃除です。掃除することで部屋は広くなります。昔、おばあちゃんから「そこにある新聞たたんでごらん、部屋が広くなるから」などといわれましたが、これは真実を突いていると思います。部屋がウツであることをとり戻す行為でもあります。

やはり重要なのは、空間がウツ、すなわち空虚だということです。日本の暮らしの見事さは、空間がウツだということを知っていたことによるものです。

装飾を固定化して、空間に特定の性質を付与するのはやめた方がいいでしょう。そうすると「変化の相」も何も生まれません。ウツなる空間は、花を一輪置くだけでダイナミックに変わります。これがインテリアの極意かもしれません。昔の人は、そういうことをよく知っていました。お母さんでもおばあちゃんでも、当然のように、花をさりげなく活けてい

置床
室内の一隅に板床の形状による簡単な台をつくっておき、その正面の壁に掛軸をかけたりして、ときには移動させるなど、自在に床の間を配置するもの。

ました。立派な部屋ではなくても、ちょっと花を飾るだけで、それが効果を発揮するようなポイントがあります。そういうことを瞬時に了解する感覚を、誰もがもっていたのです。

八雲たつ　出雲八重垣　つまごみに
八重垣つくる　その八重垣を――

『古事記』

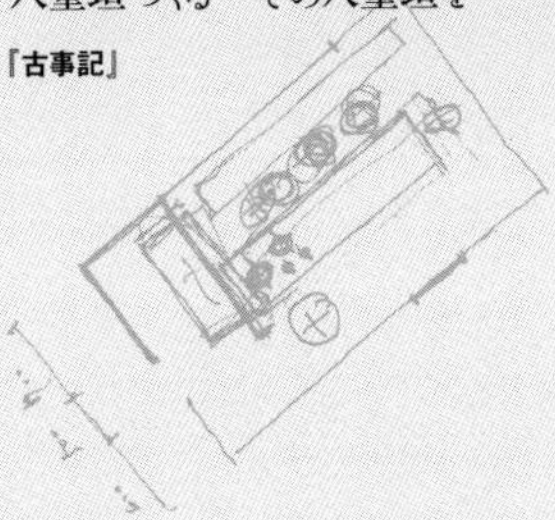

第2章

間

●柔らかな仕切り

空間を仕切ることは、現代の大テーマかもしれません。近代建築が、一九二〇年代ころから挑戦を繰り返してきているのも、空間をいかに仕切るかということだったと思います。たとえばリートフェルトによるオランダのシュレッダー邸の、間仕切りの移動による空間の抑揚のつけ方や区分の仕方も、決して西洋の伝統的な強固な分割手法の延長上にあるものではありません。あのような構造はわれわれにも共感がもてるものです。非常にインティメント(親密)な空間です。オランダにはそういう感覚があります。国土が小さく狭い住居空間に、世界一大きな人びとが暮らしています。日本の家が兎小屋と呼ばれましたが、オランダ人の家こそ兎小屋です。またオランダ人が、はじめて居住空間と仕事空間を分けたともいわれています。彼らは清潔好きで、二階に昇るときには、靴を脱いだそうです。ミース・ファン・デル・ローエのバルセロナのパビリオンは、いっさい閉じることなく、仕切りをしていません。空間を連続させて各コーナーをつくり、近代建築でいう用途性を創出していったわけです。これは画期的な挑戦でした。

現代の西洋は日本の空間概念を、かなり意識しているのかもしれません。二十世紀を代表する建築家アアルトによるフィンランドのマイレア邸も、居間と食堂との間を大きな引き戸で仕切っています。アアルトは一度も来日したことはないはずですが、スウェーデンの美術館に寄贈された日本の茶室などを見ていたはずです。そこで彼は、日本的な空間構成を身につけたのではないでしょうか。

私がマイレア邸を見学したとき、キュレイターの女性にあちこち案内されたのですが、驚いたことに、いたるところに日本庭園の匂いがありました。少々西洋風にアレンジされてはいますが、飛び石があって、中門にあたるような戸があって、露地を入っていくとサウナの入り口があったりするわけです。それが小さくて、まるで躙口《にじりぐち》でした。そういうところを彼女は私に見せようとしたのだと思います。

壁から解放された西洋

もともと西洋建築は、微動だにしない力強さを家に求めてきました。都市そのものが、まず壁にかこまれていました。近代は、そんな分厚い壁からの解放の時代です。西洋は近代の建築技術によって、はじめて石造建築から逃れることができたわけです。壁が厳然と存

リートフェルト (Gerrit Thomas Rirtveld 1888–1964)
オランダ出身。家業の家具職人からその経歴をスタート、クラールハメルに建築を学び、一九一一年にインテリアデザイナーとして独立。デ・スティル派に参加するが、三一年に離脱、ドイツ、オランダ、オーストリアなどで建築家として活動。

アアルト (Hugo Henrik Alvar Aalto 1898–1976)
フィンランド出身。一九三三年のパイミオのサナトリウムが出世作。以降、白の時代、赤の時代、ブロンズの時代と、その作風を変化させる。

在しなくてもよくなったのです。そこで、西洋ははじめて空間の新たな可能性を考えるようになり、認識としての仕切りということに、気がつきはじめたのかもしれません。そして認識としての仕切り、可動な仕切りという、かつては西洋になかったものを試みはじめたのでしょう。

おそらくこれからは、ますます仕切りが認識的になり、しかも平面的な仕切りだけではなく、立体的な仕切りをも積極的に試みていくことになると思います。二つの空間に、異なる用途をもたせる場合も、壁でかこわずに、床の高さで表現する試みも増えています。

「日本的なるもの」をめぐって

一方、日本の近代は葛藤の歴史でした。西洋的なるものを押し進めてゆきながら、底辺では必ず日本的なるものを求めていました。明治以降、哲学も文学も音楽も、そして建築も、西洋的なるものを素晴らしいと考え、それを学ぶことを大きな目標としてきましたが、国家主義が台頭すると、「日本的なるものとは何か」という問いかけが表面化します。国家主義者にかぎらず多くの芸術家たちも、日本的なるものを積極的に探しはじめました。それは今日も続いています。

ところが、日本的なるものとは何かと、大上段に振りかざして騒いでいるうちは、それは見えません。ちょうど私や私の一世代上、倉俣史朗さんあたりは、一度日本的なものを全部捨て去ろうとしました。皮肉なことに、捨てることによって、日本というものが浮かび上がってきたようです。

捨てられないうちは、どうしても類似性をほかの何かに求めようとし、日本の器をモダニズムの文脈にもち込んで、何の遜色もないといって安心し、日本にもモダニズムの伝統があることを強調するという妙なこともありました。また建築の帝冠様式のように、日本を象徴する形態を西洋建築に合体させて、日本民族のオリジナリティについて得心するという、きわめて政治的要素の強いものも生まれています。

中国はまた、まったく日本とは感覚が異なります。建築的な見地からは、中国は西洋です。西洋的な合理性に近いものを秘めています。もちろん空間の意味論のような側面では、西洋にはないものもたくさんありますが、基本的には靴をはいている国の建築です。

ただし中国以外のアジアはそうでもありません。モンスーン気候という要素も大きく影響しているのでしょう。閉じきってしまったら、ちょっと生活できません。どこかで透けて

倉俣史朗（1934-1991）
東京出身、桑沢デザイン研究所に学び、一九六五年、インダストリアルデザイナーとして事務所設立。八一年より、ミラノで「メンフィス」に参加。九〇年、フランス文化省芸術文化勲章受章。

帝冠様式
昭和初期、国粋主義の台頭を背景とし、無国籍または国際的な様式の近代主義建築に対抗して主張された様式。鉄筋コンクリート造または鉄骨造で、これに伝統的な屋根をかぶせることが最大の特徴。名古屋市庁舎や東京国立博物館などがその代表例。

いないと耐えられないのです。それだけで語るわけにはいきませんが、気候風土が、かなり大きな影響を与えています。

たとえば、高床様式によって涼しさを確保しています。これは土足では入りにくい建築構造です。そこで履物を脱ぐことになり、床が地面とは全然レベルの違う意味をもちはじめます。そうしたことが、東南アジアの暑い国には見られます。ただし、それを日本のように文化的に洗練させていくという例は、あまり多くはないようです。

たとえば日本の認識的な空間の象徴として、神籬がありますが、もっと時代が下った例では、野点《のだて》があります。毛氈《もうせん》を一枚敷くだけで、そこが一つの建築空間になるわけです。壁も天井もなく、床だけが領域を決定しています。しかもその床には、履物を脱いで座るわけです。その瞬間に、そこでは何かの意味が生まれています。豊臣秀吉による醍醐の花見は、まさにそんなパビリオンのオンパレードでした。

隙間と異界

隙間を開けるといいます。この「隙」は数寄でもあるのですが、それだけで一冊の本になっ

醍醐の花見
慶長三（1598）年三月、京都醍醐寺三宝院で豊臣秀吉が催した花見の宴。秀吉最後の豪遊であり、聚楽第から名石を取り寄せ庭をつくらせ、庭内随所に茶席を設けて点茶を行った。

てしまうほど、厄介な概念です。透けて見えると同時に一方で、見てはいけない、見なかったことにするという暗黙の了解のようなものが作用しています。そこからさまざまな心理的な作用が生まれているにもかかわらず、透けることの建築的な研究は、意外に多くはありません。視覚的には、透けた向こう側をどのように見せるのかというテーマもあり、透けているのになぜ分割できるのかという問題もあって、いずれにしても、一筋縄にいかないのが「すき」です。

絵巻物には、吹抜屋台《ふきぬけやたい》という描き方があります。これも、日本人の透かしの感覚のあらわれかもしれません。平面性を強く感じる描写技法でもあります。

日本には、基本的に多層建築がありません。われわれが空間を構成したり組み立てたりするときも、平面の分割と配置を基本としています。日本では、平面は非常に重要な意味をもっていて、吹抜屋台の描法にも、平面がどのようにつくられているのか、あるいはどのように変化しているのか、ということがあらわれています。われわれの空間把握の仕方を暗示しています。石の建築や多層建築の文化からは、あのような表現は生まれません。天守閣も西洋の影響でつくられはじめたものであり、寺院の五重塔も大陸から入ったものです。金閣寺や銀閣寺などは、多層構造ではあっても、平面を積み重ねたものです。そこでは異質な空間が、単純に重ねられています。ただし、この「かさね」ということも、日本文化の大きなテーマではあります。金閣寺などでは、それが新旧の融合という形であらわれています。

そもそも塔のような建築は、異界空間をあらわしています。江戸の遊廓も多層ですが、あそこも俗界とは別の空間、向こう側の世界です。そこでは梯子や階段が非常に重要な意味をもっています。望楼のようなものもありますが、日常、非日常も含めてそう多くはありません。とくに生活空間としての二階建は、近世以前はほとんどありません。

一方で、羅生門の上層階のようなところは、鬼をはじめとする異界のものたちと出逢ったりする場所です。軒や屋根や縁側のようなマージナルな空間、境界空間は、そういう場所なのです。

引きちがい戸の発明

引きちがい戸、いわゆるドアではない入り口は、鎌倉時代の発明です。ただし日本ではこれを建築の一部としては考えていません。あくまでも道具です。もともと日本建築には、

金閣寺と銀閣寺
足利義満ゆかりの金閣寺、正確には鹿苑寺（ろくおんじ）舎利殿は、三層からなるが、それぞれの層には別の名前がつけられているように、独立した三つの空間を重ねたもの。一階の「法水院」は寝殿造、二階の「潮音洞」は武家造、三階の「究竟頂（くきょうちょう）」は禅宗仏堂様式になっており、二階と三階が金箔でおおわれている。一方、二層の銀閣寺（慈照寺観音堂）は、一階の「心空殿」が書院造で東が正面、二階の「潮音閣」が禅宗仏堂様式で南を正面としている。

吹抜屋台

建築物の屋根を取り払い、室内空間でのドラマを描くために生まれた「吹抜屋台」の表現法は、おもに物語絵巻などで用いられたが、上図のように寝殿造の室内調度の様子を記録したものもある。壁はほとんどなく、襖障子以外は、衝立、御簾など、ほとんどが透ける道具で仕切られていることがわかる。まるで迷路のように複雑な空間に見えるが、襖障子自体も取り外しが可能で、すべてを取り払うと、柱と屋根だけとなり、庭園や自然と連続した開放的でシンプルな空間があらわれる。『類聚雑要集』より「関白忠実東三条殿」(鎌倉時代、東京国立博物館)。

柱と床と屋根しかありません。それが次第にいわゆる建築になっていくプロセスで、引きちがい戸が発明されました。機能的には御簾のようなものの延長です。当時、格別に二つの空間を分割するものだという認識は薄かったかもしれません。実際、引きちがい戸は開いているときが正しい状態で、何事かがその内側で起こるとき、行われるときにだけ、閉じられるものです。

西洋でもこの引きちがい戸は、この数年ぐらいの間に流行といっていいほど、建築でも家具でも多くなってきました。

もちろん日本の現代住宅にも、もっと可動間仕切りがとり入れられていくでしょう。それは、日本のそれほど広くない居住空間において、息苦しさを解放する重要な手法でもあるからです。

バリアフリーの問題

マンションでは、もちろん固定した仕切りよりも、引きちがい戸や衝立《ついたて》や屏風のようなもので空間を仕切る方がいいでしょう。また床の敷物などでテクスチャを変えることで、空間の仕切りとするのもいいかもしれません。

床の高低差も重要です。一方で、バリアフリーの問題がありますが、昨今話題にされているバリアフリーにはいかがわしさを感じます。部屋のなかの段差は、もっと活用する余地があるはずです。

バリアフリー以前の問題として、床の高低差をつけず、空間をのっぺりしたものにするのは、やはり考えものです。空間が人にどんな感覚を与えているのかということが、本当は重要なのです。その象徴が床です。

たとえば玄関で靴を脱いだ途端、別の空間に導かれたと感じます。そう考えている人は少ないでしょうが、最初に強調したように、もともと靴を脱ぐということは、聖なる空間に向かうための行為でした。日本の空間には、本来さまざまな意味があったのに、いまはだれも説明しようとしません。たった一つの段差を超えるだけで、そこでは床に座ることができたり、自在に使うことができたりしました。段差をなくすことは、それが人びとの気持ちに与えるものを外してしまうことにもなります。バリアフリーだからといって、はじめから段差をなくしてしまうのは、話が逆のような気がします。構造上、マンション・メーカーとしては余り床をあげたくないということがあるのかもしれませんが、本当はあの床の高さがあると、通気をはじめとして、マンションの可能性ももっと広がるはずです。

「狭さ」に遊ぶ

小さい空間をつくることによって精神が高揚したり、深まることに気がついたのが日本文化でした。利休は、部屋を小さくすることで無限の空間ができると考えたわけです。西洋的な建築で無限を表現するときには、どこまでも広い空間や、背の高い空間をつくってきました。

その対極に立って、どこまで小さくできるのかを試みたのが利休です。日本の文化は囲みの文化だったといってもいいのかもしれません。精神を囲い込み、囲むことによって魂が再生され、肉体的な落ち着きさえ実現しようとしてきたのが、日本の文化だったのだと思います。

小間をつくるのは、空間の二重構造、つまりある空間のなかに別の空間をつくることです。この考え方は、今後ますます重要になってくるはずです。それを可動にするのか仮設するのか、あるいは固定するのかといういくつかの選択肢はあるでしょうが、過去から継承し

小間
数寄屋における広間に対し、四畳半以下の草庵茶室を小間と呼ぶ。その基本形式は、四畳半、長四畳、深三畳台目、平三畳台目、三畳、二畳台目、二畳、一畳台目の八種の席があるが、かつては一畳半席という小間もあった。台目畳とは、およそ一畳の約四分の三の長さの畳。三畳台目とは、本畳三枚と台目畳一枚のことである。

上：東国武士の住まいを吹抜屋台の表現法で描いた絵巻「男衾三郎絵詞」（鎌倉時代、東京国立博物館）。

下：京都光悦寺の光悦垣。臥牛垣とも呼ばれ、竹を斜めに組んだ独特の様式。日本では、屋外の仕切りにも多彩な工夫がこらされた。

右：「香屏風」（江戸時代、東京国立博物館）。『源氏物語』にちなんだ幾何学的な「源氏香」の文様をそのまま屏風にしたもの。

てきた感覚や精神は、現代の手法と出会うことによってさらに可能性が広がると思います。狭さの楽しみは現代でも実感できます。狭いところに皆が集まって食事をしたり、酒を飲んだり、話を交わしたりすると、非常に盛り上がることは、誰もが体験しているはずです。そのような空間は、意図的に演出できます。そのためには少々の装置化はしておいた方がいいでしょう。ただ狭いというのでは、窮屈なだけです。炭が使えたり、心地よいベンチを用意したりなどという工夫によって、狭さが楽しさになります。

以前、私の家には、幅が狭く廊下のような空間がありました。とにかく狭いので、はじめはほとんどものを置かなかったのですが、あるとき細長いテーブルを置いてみると、広さが生まれました。ものを置くことで広くなるということもあります。それは、空間が使えるようになったということかもしれません。空間を活かすためには、そういう仕掛けも重要なのだと思います。

夏は、夜。月の頃は、さらなり。闇もなほ。
蛍の多く飛び違ひたる、また、ただ一つ二つなど、
ほのかにうち光りて行くも、をかし。雨など降るも、をかし。

●清少納言――『枕草子』

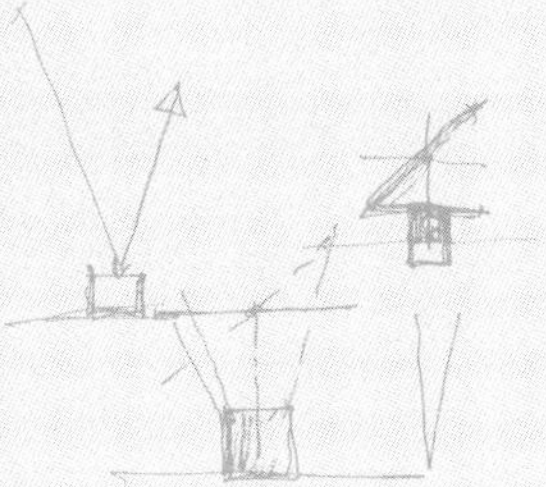

第3章

風

●涼味の演出

建築の衣替え

「家の作りやうは夏をむねとすべし」、吉田兼好『徒然草』の言葉です。日本のようなモンスーン地域では、春から夏にかけて南西の温風が列島をおおいます。湿度も温度も高く、動植物にとっては恵まれた気候です。

しかし都会に暮らす人間にとっては、夏はやはり過酷な季節です。全国各地でこの時期に多彩な祭りが行われますが、祇園祭に代表されるように、それらの多くは、夏をのりきる祈りをこめた祭りでもあります。

日本では、建築さえ衣替えしますが、多くの建築論、とりわけ西洋の建築論では、住居は、雨風を凌ぎ、外敵を防ぎ、内部の幸福を保証するという考え方を基本にしています。それは一方で、建築は微動だにしてはならない、簡単に変わってはいけない、しっかり構築されていなくてはいけないという前提に立ったものでもあります。

日本のように自然とともに生きるなら、自然が変化するように人間の生活もどんどん変わるのが当然です。かつては、それが衣替えに象徴されていました。夏になると夏障子に変えるように、建築そのものも衣替えをします。襖や障子さえ季節によって入れ替え、風通

祇園祭

夏のいちばん蒸し暑い時期、ほぼ一か月にわたって行われる祇園祭の起源は古い。八坂神社の社伝では、貞観十一(869)年の疫病流行に際し、六十六本の鉾をつくり疫病の神、牛頭天王をまつったのがはじまりだとされている。かつて夏に頻発した食中毒や伝染病の恐ろしさは、現代とは比較にならない。疫病を神や霊魂の祟りとして、これを鎮める夏祭は、京都のような都市部に限らず農村部でも盛んに行われた。また、夏を迎えると大量発生する農作物の害虫も、一種の祟りと考えられ、「虫送り」と呼ばれる祭りによって村の外に追い払われていた。

泉殿

泉殿は寝殿造の一屋で、東の対屋から廊下続きで池に面して建っている。中央部に正方形の湧水をもち、納涼観月に用いられた。四方に壁はなく、高欄をめぐらせている。西側の釣殿と相対した公家の住宅施設である。室町期にも同様な形式のものがつくられたが、なかに泉をもたず、会所を兼ねることも多かった。会所は、会合のための建物や部屋のことだったが、室町時代にはとくに、歌会、花会、茶会など新興の遊芸や各種の接待、仏事、対面にも利用される空間をあらわすようになった。上の写真は縦目楼(しょうもくろう)の泉殿。縦目楼は、小堀遠州が手掛けた京都の伏見奉行屋敷と石清水八幡宮瀧本坊(たきのもとぼう)を合わせ、お茶の郷博物館に復元されたもの。

しを演出するわけです。それは特別のことではありません。一般の家庭でも、季節によって台所の暖簾を変えてきました。座布団カバーも変えます。とくに蒸し暑い京都では、昔からさまざまな工夫がこらされてきました。

鎌倉の末期、あるいは室町の初期あたりに、茶の湯がその歴史をスタートさせると、茶を楽しむための場もつくられていきます。数寄屋や書院は、あえていうなら、茶の湯のための空間が建築化されたものです。その原型が会所、サロンでした。当初は、宴会の場所を決め、畳をしつらえ、来客に応じて配置するという、まだ会所とさえ呼べるものではなかったのでしょうが、多くは泉殿や泉屋と呼ばれる場所が選ばれたようです。京都には湧き水がかなり多く、家のなかにも水を引いていたので、この水をクーラーとして用いたわけです。

床下の風

高床式住居は、アジア一帯にみられる建築の様式です。つまり地面の上にもう一つ床をつくることで、床下に空気を流し建物全体を涼しくするものです。とくに日本人は、家がコスモスであり、地面はカオスだと考えていたため、地面から離して聖なる床をつくったとも考えられます。だからこそ、そこに上がるときには履物を脱ぐわけです。

ただしこれは夏はともかく、冬は厄介です。そこで縁の下をブラインドのようなもので塞ぎ、その開閉で空気の流れを調整する仕組みがつくられました。

たとえば桂離宮はかなり床が高い建築ですが、床下が全部抜けているのは視覚的にもあまりよろしくない上に、風が通ると冷えすぎて冬はやっていけません。そこで白い塞ぎがつくられています。逆説的ですが、それほど床に風を通すことが、日本建築にとって重要だったわけです。

自然を支配するやり方では一年中、風を止めようとします。そうしておいて、一定の室内条件を保つために別の手段で冷暖を調整しているのが、近代家屋です。

風を感じることは重要です。マンションでも、室内に風を入れる方法はいくらでもあります。超高層建築では、直接に風を通すと大変なことになりますが、床下通風は、設計の工夫でできないことではありません。高層なら、冷房がいらないほどのいい風が入ってくるはずです。

桂離宮
一五九〇年、豊臣秀吉が八条宮家(智仁親王)のために京都桂川の畔に創設した場所。一六二〇年頃より親王は山荘の経営に着手、二代智忠親王によって増築された一万三千余坪の地域で、その当時の建物や庭園が、明治期になって桂離宮と名付けられた。古書院、中書院、新御殿を中心に池泉、築山、山道、斜堤、並木、笑意軒などを配置した廻遊式池泉庭園だが、その室内意匠や庭の構成などに数寄屋趣味があらわれている。

涼しさには、実際に涼しいということと、涼しく感じるという二つの側面があります。デザインが主にできるのは、どうしたら涼しく感じさせられるかということでしょう。たとえば、クッション性が強い布団のような椅子と籐でできた椅子の、どちらが涼しく感じるかは、歴然としています。いくらクーラーがきいていてもそこにムートンがあるだけで、違和感を感じるものです。われわれの体には文化的記憶というべきものが残っています。

涼しさを演出する代表が簾ですが、簾そのものが空気の流れをつくることを知っているため、壁に簾をかけるだけでも空気の流れを感じます。体内の記憶を呼び戻すということは、デザインの重要な役割です。

透けるというのは、涼しさの代表的な演出法です。あるスペースを、あえてもう一つ透けているもので仕切ると、涼しい印象を与えます。そこでは、実際に風が入ることも重要でしょうが、風鈴の音で風の流れを感じるように、風によって何かが動いていく、気が動いていくことを大切にしていたのではないでしょうか。

デザインされた涼味

上:夏の寝苦しさを緩和するには香りの効果も利用された。「文字透蒔絵香枕」(江戸時代、東京国立博物館)。

左:日本の意匠にはその季節にちなんだ風物をモチーフにすることが多いが、雪の文様は夏に多用される。「雪華文七宝鐔」(江戸時代、東京国立博物館)。観察にもとづいた多彩な雪の形がちりばめられている。

密室のない日本

現代は、妙なプライバシー意識によって、住居内部が外から見えない方向に向かっています。昔は外から家族の食事風景を見られても平気でした。セキュリティの問題は置くとして、建築が解放されれば、人間も解放されるはずです。

密閉された空間は、どんなにがんばっても息苦しいものです。物理的に息苦しい以前に、日本人は視覚的に息苦しいと感じます。寝室と居間も、きっちり分ける必要はありません。分けるにしても、なるべく二つの部屋を連続させるようなデザインにするべきでしょう。

障子の「障」はつつむとも読みます。平安貴族の住宅はこの障によって仕切られていました。御簾のようなものです。つつむとは、つつましいということでもあります。

屏風もうまく使えば、現代にも活かせます。季節感を表現しながら、空間を分割することができます。二十世紀初頭のパリで流行った漆の屏風は、装飾品としての効果が強いものでしたが、本来、屏風には装飾と分割の両方の役割があります。

ちなみに屏風のように折り畳めるということも、日本文化の一つのエッセンスです。

光、闇、音

光や照明も重要な要素です。静かな闇をつくるような明かりの使い方も、涼しさにつながります。光をつくることは、いい闇をつくるということでもあります。そんなときお香をたくと、ますます涼味が増します。やはり涼しさの感覚は、記憶と結びついているようです。たとえば篭状になっているものは、気の通りを感じさせ涼しい印象を与えます。

いい闇をつくるには、照明の灯数を多めにする必要があります。床の光、壁などを照らす中間の光、天井の光、この三つをうまく配列しながら、シーンごとに光のつくり方を変えていくわけです。もので装飾をしないで、闇と光そのものを装飾にするのもいいでしょう。居間の明かりは、天井の明かりに頼らずにつくっていくのがむしろ基本です。天井照明は近年生まれてきた装置です。ダウンライトの流行で、かつての一灯照明よりはましにはなりましたが、まだまだ過渡期です。

北欧では、暖かさへの大きな欲求があったため、明かりも暖かさをつくる要素でした。彼らは吊るす明かりで暖かさを演出してきたわけです。もちろん逆のことも可能なはずです。

触覚や聴覚も大切です。靴を脱いで生活する日本ではとくに、床の触覚の変化も大きな要

和菓子

「素麺」「西瓜」「かき氷」という言葉を聞いただけで夏の情景が目に浮かぶほど、味覚も涼しさを感じさせる大切な要素である。江戸時代、茶の湯とともに大きく発展し、さまざまなバリエーションが生まれた和菓子にも、「琥珀」や「水仙」などのネーミングやデザイン、「葛切り」や「水饅頭」の味や食感による涼しい工夫が盛り込まれている。とりわけ十七世紀に寒天の製法が発明され、和菓子の涼しさは飛躍的にアップした。練羊羹、水羊羹の誕生である。寒天は和菓子に透明感を与えただけではなく、その表面に金魚や水流などの繊細な絵柄を描くことも可能になった。そして何より、練羊羹の登場で、日もちが格段に向上し、夏でも色とりどりの甘味が楽しめるようになった。

素です。温冷感覚と床の素材には、深いかかわりがあります。畳はもともと涼味を感じさせるものですが、畳でさえ夏になるとべたつくので、京都あたりでは、柿渋《かきしぶ》の紙を敷いたりします。

また、夏の自然はうまくできていて、涼しさを感じさせてくれる要素が少なくありません。朝顔や虫の音も涼味を感じさせる風物です。油蟬はちょっと暑苦しいかもしれませんが、蜩《ひぐらし》のような蟬の声は、状況によっては涼しさを感じさせるものです。

住まいが、精神にかかわるものであることを日本人はよく知っていました。西洋はまだものの文化のなかにあります。ものに自分の精神を託そうとします。それが悪いわけではありませんが、むしろものとものとの関係をもっと注視すべきでしょう。たとえば日本人は何と何がどのように置かれると涼しさを感じさせるのかということを、日常のなかでずっと実験してきました。現代は、その遺産をまだ充分に活かしきっていません。

一、同十　日の初夜の行法の時、水加持作法の間に眠り入る。
夢に、我が身一尺許りの小さき竜と成ると云々。——
『明恵上人夢記』

第4章

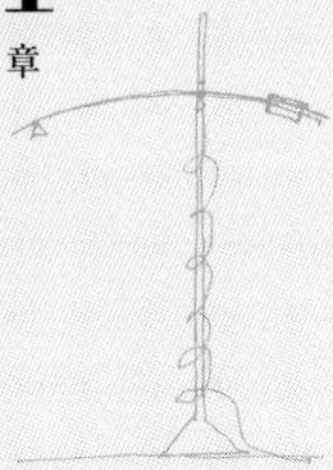

水

浄と不浄

世界中の多くの文化で、水は聖なるものとされてきました。キリスト教の儀礼でも、洗礼や聖水をはじめとして、水は重要な要素です。日本でも「水に流す」という言葉に象徴されるように、穢《けが》れや罪を浄める働きをもっていると考えられています。

また他界や異界は、水を通してこの世界とつながっているとされてきました。たとえばお盆の精霊《しょうりょう》流しや川施餓鬼《かわせがき》などの行事は、川の流れが別世界に通じているという思いが背景にある風習です。井戸を通って冥界に通ったという小野篁《おののたかむら》の伝説のように、井戸を他界や異界の入り口だとする物語も少なくありません。幽霊が井戸からあらわれるという物語のパターンも、そこが冥界との接点であることをあらわしています。さらに水は、生命や世界の根源としても考えられています。

中国の古代神話や聖書など、世界のはじめに大洪水があったとする物語も、各地に残されています。もちろんそれは、水の力と生命とのかかわりを象徴しているものです。

また台所と井戸と便所は、人間の生命活動と深く結びつき、浄・不浄の観念ともつながっているため、神様を祀る場所でもありました。台所には、荒神《こうじん》や竈神《かまどがみ》など主に火の神が祀

精霊流し

盆の供えものを精霊舟にのせ、灯火をつけて川や海に流す行事。精霊が水にのって海のかなたのあの世に帰っていくという信仰にもとづいたもの。水には死者の穢れを浄め死霊を他界に導く力があるとされ、死水や墓場に水を供えることなども行われるようになった。図は『長崎名勝図絵』より。

られましたが、井戸と厠には水神が祀られてきました。井戸も厠も、出産と深い関係があると考えられ、「便所をきれいにしておくと、きれいな子どもが生まれる」といわれるように、厠神を出産を助ける神とする地域も少なくありません。

湯舟の将来

近代以降、水は衛生とのかかわりが強く意識されるようになりました。農業人口が都会に流入し、人口密集地ができると、衛生問題がクローズアップされ、上下水道の整備が進められていきます。

しかし、たとえば入浴はもともと、衛生がその第一の目的だったわけではありません。江戸時代の湯屋は、クラブ、すなわち社交場でした。湯に入ること自体も、衛生というより心身のリラックスのためだったのでしょう。湯屋は蒸し風呂のような性格が強く、石榴口《ざくろぐち》と呼ばれる狭い入り口からなかへ入るという構造をもっていました。茶室の躙口《にじりぐち》を連想させるものです。

いまでも銭湯には、松島や富士山が描かれています。巨大な床の間飾りのようなものです

川施餓鬼
飢渇に苦しむ餓鬼のため、飲食を施す法会を施餓鬼会、略して施餓鬼という。溺死者やお産で死んだ女性、または魚類の供養などは、舟中や川辺で行われ、とくに川施餓鬼と呼ばれた。

小野篁（802–852）
平安時代の漢詩人。遣唐使に選ばれるが、病と称して出航を拒み「西道謡」という詩をつくり諷刺したため嵯峨上皇の怒りにふれ、隠岐に配流された。伝説では、冥界とこの世を往来し、炎魔宮の冥官をつとめたといわれる。

が、風呂に入りながら旅の気分に浸るわけです。風呂は精神を豊かにするような場所だったのでしょう。またかつては、家に風呂があってもなくても、子どもたちが皆で銭湯へ行き、洗い場で遊んで、近所のおやじさんに怒られたりして、コミュニケーションの仕方や社会のルールを学んでいきました。こうした人間の心と深くかかわるような風呂のあり方というのは、今後あらためて注目されると思います。

結局、風呂場がいくらプライベート化しても、湯舟はなくなりません。機能性や衛生面だけならシャワーだけで充分ですが、やはり湯舟につかってぼーっとしていたいという欲求は強く、それがまた重要なのです。近年、欧米でも湯舟の心地よさが認知されるようになり、ジャグジーが普及しています。しかも仲間同士で水着を着て入る、コミュニケーション・スペースになっています。

ノ貫《へちかん》の企み

茶の湯には、淋間茶湯《りんかんちゃのゆ》というものがあります。まず風呂へ入ってリラックスしてから、茶会をはじめるものです。

石榴口
蒸し風呂において洗い場側に設けられた入り口。室町末期より存在したが、主に近世の銭湯に用いられていることで知られる。関西より関東の方が低くつくられていた。図は『江戸入浴百姿』より。

千利休が、山科のノ貫という茶人を訪ねたときの興味深い逸話があります。利休は、秀吉のような権力者の相手もしながら、さまざまなテーマにとり組んで新しい茶の湯の世界をつくりあげましたが、ノ貫は隠遁して「お前さんのやっていることは、大変だねえ」とかいって、利休を冷ややかに見ていた人です。

ある夏の日、ノ貫が、窮屈な茶ばかりやっていないで、ちょっと山科まで来ないかと、利休を招待します。出かけていった利休が、中門をくぐってなかに入ろうとすると、落とし穴が掘ってあります。利休は気がつきながらも、ノ貫の趣向に乗ってやろうと、わざと穴に落ちます。ノ貫が飛んできて、詫びながらも、とりあえず風呂に入らせました。汗と落とし穴の泥に汚れた着物を、さっぱりしたものに着替えさせ、湯上がりのお茶を一服というわけです。そのときの風呂は、利休の茶から別の茶の世界に入るための入り口のようなものだったのかもしれません。

台所と井戸端会議

もともと料理は、屋外や土間でつくられていました。土間が板の間化して台所になります

淋間茶湯
湯殿や湯槽を飾り茶を飲み、酒・料理を楽しむ遊び。文明(1469–86)ごろに流行した。

ノ貫（?–?）
京都材木商坂本屋の出身で、山科に小庵を営み、茶事三昧の隠遁生活に入り、手取釜一つをもって茶を楽しんでいたと伝えられる。また紹鷗を師として、千利休とは相弟子だったともいわれる。奇行に富んだ人生を送ったとされる一方で、豊臣秀吉にも賞賛を受けたといわれている。晩年は薩摩に移り住んだとも伝えられる。

が、江戸時代の庶民の家、つまり長屋には現在の台所にあたるスペースはありません。せいぜい水瓶と簡単な竈があるくらいでした。江戸は外食が盛んだったこともあって、台所は必須ではなかったようです。

現在の台所の型式は、明治以降にできたことは間違いないようですが、茶室の水屋あたりがその原型の一つかもしれません。懐石料理では、温かいものは温かいうちに、冷たいものは冷たいうちにサービスすることが基本ですから、調理場は近くにある必要があります。すでに村田珠光《むらたじゅこう》の時代に、水屋はありました。それ以前は、水屋とは呼ばず、別の間があって、そこで煮炊きしていたようです。中世の絵巻「慕帰絵詞」などには、会食の場とは廊下を挟んだ向かいの部屋で料理をしている様子が描かれています。そういう形での厨房はずいぶん昔からあったようです。現在の水屋は、煮炊きこそできませんが、こういう厨房の要素をコンパクトにしたものでしょう。

江戸時代には上水がかなり発達しましたが、基本的には共同使用です。江戸の街は、当時世界でもトップクラスの上水道が敷設されました。玉川上水や神田上水はその代表ですが、八代将軍吉宗のとき、将軍ブレーンだった儒者、室鳩巣《むろきゅうそう》が、江戸に火事が多いのは上水道建設で地脈を切ったためであると風水思想にもとづいた進言をしたため、実際に上水道の

村田珠光（1423–1502）室町中期の茶人。奈良御門の村田杢市検校の子と伝えられる。幼名は茂吉、別号は香楽庵・珠光庵・南星・独炉庵。茶の湯・目利に秀で、当時、殿館などで行った書院広間の茶事に対して小座敷で行う民衆の茶法を創始し、侘茶道の祖と称される。

上：室町時代の文化状況をうつす「慕帰絵詞」（江戸時代の写本）。宴席の外の廊下には茶釜がすえられ、茶がたてられている。さらに左隅の部屋では、料理も準備されている。

下：江戸時代の町家の井戸が描かれた住吉具慶「洛中洛外図巻」（東京国立博物館）。

左：京都八瀬の蒸し風呂、通称「かまぶろ」。蒸し風呂は中世に流行したが、近世に入ると湯につかる形が主流になる。

一部を埋めてしまったというエピソードも残されています。
ともかく「井戸端会議」という言葉があるように、水道や井戸の周辺も大切なコミュニケーションの場です。風呂でもそうですが、人と人とが直接コミュニケーションするための文化装置は、いまいちばん失われつつあるものではないでしょうか。

日本人にとって、独立した個人や家族が集合して暮らすというのは、まったく新しい住文化です。集合生活そのものは江戸をはじめとしてどの時代にもありましたが、個々の暮らしはオープンでした。個別化しつつ集合化し、しかも立体化していく現代の新しい住文化のなかでは、新しいルールが共有される必要があるでしょう。

パリなどでは、そういう暮らし方が伝統になっているので、たとえば夜中にトイレを使っても水を流さないといったことが常識になっています。壁や床を厚くして防音するのは、別に悪いことではないのですが、まず大切なのはやはりルールの共有でしょう。それがないままでは、いくら部屋が静かになっても、人とのつながりが断たれてしまいます。一歩自分の部屋のなかへ入ったら、他人を気にせず何をしてもいいというのでは、要塞のなかで暮らすようなものです。

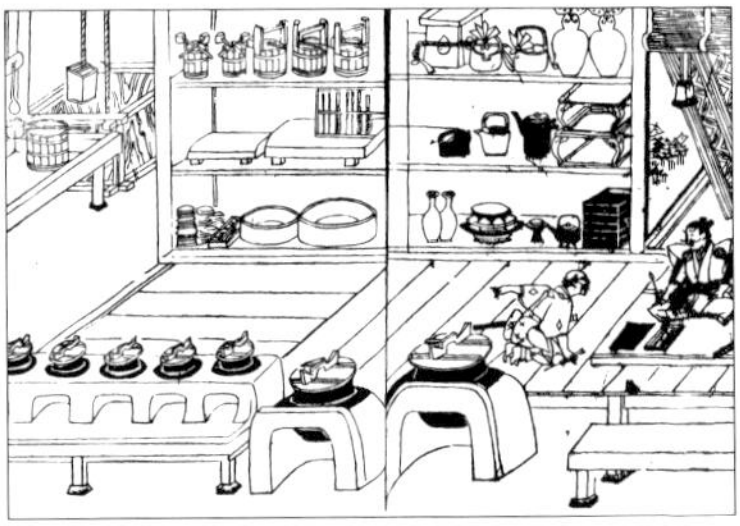

空間の見立て

キッチンのとらえ方は、食事をつくることを義務と見るか、一つの楽しみと見るかで、大きく変わります。前者の代表が、キッチンは食事をつくる工場だとする考え方です。後者では、リラクゼーション、あるいはコミュニケーションの場だという考え方になります。また、アメリカで生まれた考え方に、キッチンはまず機能的で使いやすくなくてはいけないとするものがあります。そこからキッチンの三角動線の原理が生まれました。火と水と冷蔵庫を機能的にレイアウトして、動きの無駄をなくすものです。デザイナーが最初に学ぶのも、キッチンの動線計画です。

しかし最近は、だいぶ変わってきました。使いにくいキッチンは論外ですが、調理の場と食事の場とのコミュニケーションや美的関係がうまくいくということが重視されています。また人を家に招いてみんなで料理をつくるというように、料理を娯楽ととらえる傾向も強くなっています。そうなると、クローズドキッチン、オープンキッチンにかかわらず、かつては楽屋裏のようだったキッチン・デザインに対する要求も大きく変わりました。キッチンとダイニングのデザインがマッチしていることが求められるようになったのです。

台所
台盤所の略称。平安時代より、内裏、宮家、貴族の邸宅のみに用いられていた名称。鎌倉時代以降は武家にも引き継がれた。民家では、通常は板敷の部屋で土間に面し、炉が切ってある場合が多く、炊事作業の一部、家族の飲食、客の接待などが行われた。後世になると、上下台所に機能分化したり、家族の居間の呼び名としても用いられた。右頁図は上級武家の台所(右:『女諸礼集』より)と江戸商家の台所(左:『絵本江戸紫』より)。

マンションについては、われわれは、その限られた空間をより魅力的なものにするために、別々の空間の要素を一体化できないかということをつねに考えてきました。ダイニングとリビングを一体化させたり、キッチンとダイニングをあまり明確に分けないというのも、そんな流れから出てきたスタイルです。

とくに日本人は空間を見立てることがうまいので、キッチンとダイニングとリビングを柱一本、床の色一つで分けることもできるはずです。そういう手法をうまく使いながら、空間をいかに豊かに使えるようにするかということも、デザイナーの重要な仕事です。

水まわりでは洗面所も、洗濯場や脱衣場や化粧する場などいくつかの機能が集約されたスペースです。そうすることで脱衣場ならばより大きな棚をしつらえることも可能になります。一つの空間にあまり強い機能や目的をもたせないという単純化は、日本人が伝統的に得意としてきた方法です。

空間の単純化と一体化、この二つは今後、世界的にも空間デザインの重要な流れになっていくでしょう。単純化や一体化は、必ず新しい使い方を生み出します。そこには想像力によって、新たな使い方に挑戦するという喜びもともなうはずです。

ともしびに陰と陽との二つあり
あかつき陰によひは陽なり
◉千利休———『利休百首』

第5章

火

◉炎の記憶

中心軸としての火

以前、南の島の調査旅行で、現地の人たちに荷物運びを頼み、山の奥へ入ったときのレポートがありました。途中で、なぜか彼らの働きが悪くなっていったといいます。原因を調べてみると、夜の焚き火でした。獣などから身を守るための焚き火の炎があると、彼らは火に魅せられて一晩中起きています。眠れないから働きが悪くなっていくわけです。火にはそういう力もあるのだと、あらためて実感しました。

火は魂であったり、いのちであったり、神であったりするように、どこの国でも精神文化と非常に深くかかわっています。日本でのその出発点は、やはり縄文にあると思います。一般的には、火から煮炊きを連想するかもしれませんが、照明でもあり、暖でもあり、当然信仰とも深くかかわっています。

縄文時代に、火、つまり炉ができあがった瞬間、外と内の境界がはっきりしたとする考え方もあります。われわれの仕事では、何を囲い、何を閉ざし、何を排除するのかということが、その根本にあります。つまり居住空間が何を囲って、どう仕切ったのかという問題です。その内と外という関係のおおもとに、火があったわけです。

縄文の世界では、いちばん近い「外」は村です。村の向こう側が野、野の向こう側が山、山のさらに向こうにあるのが空です。いちばん遠くが、神や聖なるもの、見えない何ものかの場所です。ちなみに「野」は、生者と死者の世界の境界とされることが多く、高野、吉野、熊野など、日本で聖地と呼ばれる場所には「野」がつく地名も少なくありません。そういうものの中心、つまりもっとも近いところに火があるというのは、まさに象徴的です。 また信仰の中心を担う人びとは、「聖」と呼ばれますが、「ひじり」とは「日知り」であるとも「火知り」であるともいわれます。

「家」を繋ぐ

単純に煮炊きの問題にかぎるなら、村落の世界では、それは個々の家族的な生活空間のなかでなされていたわけではなく、おそらく集団で行っていたはずです。もしかするとその伝統は、江戸の外食文化にいたるまで、どこかで継承されていたのかもしれません。縄文の生活において、家における火の役割の中心は煮炊きにあったわけではないのです。そういうところから日本の炉、囲炉裏の文化が生まれてきました。火が媒介する外と内の

火の信仰

日本語の「ヒ」は、火あるいは日であると同時に霊(ひ)でもあり、それはエネルギーや生命力、そして魂をあらわす言葉だった。たとえば「結び＝ムスヒ」は、「蒸す・霊」であり、魂の成長や熟成を意味する。火を魂の象徴とする祭祀では、出雲の「火継神事」がよく知られている。古代神話国家の支配者である出雲国造(こくそう)家の代替わりの儀礼であり、始祖である天穂日(あめのほひ)命以来のものとされ、かつては熊野大社で行われていた。新国造は、神聖な臼と杵でおこした火で調理した食物を食べることによって、はじめて職を継ぐことができる。皇室でも皇太子を「ヒツギノミコ」と称し、通常は「日嗣御子」と解されるが、出雲の「火継」との関連も重視されている。ちなみに、天穂日命の「穂」は「火」に通じている。

関係を考えると、家というものの意味も見えてきます。時間を超えて延々とつながっていく「家」のイメージが、日本の生活文化の中心軸にありますが、それをつないでいるのは、実は血ではなく火だったのです。だから江戸時代までは、武家でも商家でも、養子という習慣が普通に行われていました。血縁をつなぐのではなく、あくまでも火をつなぐために子孫を用意するのです。

縄文の火も、絶対に消されることはありません。囲炉裏文化の火も、本来絶やすことはタブーでした。家が建ったとき炉でつくられた火は、家が消滅するまで燃え続けます。血縁関係が切れても、家は連続するわけです。だから仇討ちなどのように、家を守るためには嫡男《ちゃくなん》の命さえかけてしまいます。

炉と竈

囲炉裏文化における炉は、家の空間の中央にあります。一つの炉が空間の中心となり、その周辺の関係性をすべて決定していきます。

竈と対照させると、明確です。一般に囲炉裏は北（北東）の文化、竈は西（南西）の文化という

火祭

火祭は、大きく二つのタイプに分けられる。一つは、火のパワーで悪霊や穢れを払ったり、魂をしずめるというもの。魂をしずめるケースは日本では一般に供養と呼ばれている。もう一つは、神霊そのものやその力を集めるためのメディアとするもの。修験者たちによる護摩焚きや神の霊験を修得するための荒行、いわゆる火渡りと呼ばれるものがその代表格。なお、火継神事は後者のタイプ、古来の祖霊信仰と仏教習俗が合体した日本の盂蘭盆会（うらぼんえ）では、迎え火が後者、送り火が前者的な性格をもっている。ほかにも「虫送り」や、「御水取り（修二会）」など、火をめぐる祭礼は多いが、その多くは火と寄り添うように水の要素を含んでいる。

上：歌川豊春「両国花火図」（東京国立博物館所蔵）。江戸を代表する両国の花火は、享保十七年（1732）に全国的な凶作と江戸の疫病流行で多くの死者が出たために、翌年慰霊と悪疫退散をかねて幕府が両国橋で水神祭を主催したことがきっかけとなってスタートした。
左：「鳴釜の神事」で知られる岡山市吉備津神社の釜殿。釜の鳴る音の高低・大小・長短で吉凶禍福を占う。初期の竈は土饅頭形だったが、室町時代ころにこのような角形が誕生し、江戸時代には庶民の間にまで普及した。

言い方をします。両方とも火にかかわりますが、あくまでも竈は煮炊きを中心に発展してきた装置です。竈はもの的であり、囲炉裏は空間的です。

家族の中心である囲炉裏は、家族たちの座り方を拘束しています。横座という亭主の座があって、その左が主婦のためのカカ座、右側が客座です。そして横座の正面は、いちばんの末席である木尻と呼ばれていました。

同じ火を扱う場所でも、竈と囲炉裏は、成り立ちも機能もだいぶ違います。竈は荒神様を祀るような聖なる場所でもありますが、さほど多様な価値をもっていたわけではありません。西日本は高床文化で、火を家のなかにもち込むことは難しかったのでしょう。一方、北の文化は縄文以降、地面を基盤としたものであり、暖をとるという機能的な側面もあって、家に火をもち込みやすかったのでしょう。ただし、時代が下ると両者は混ざり合っていきます。

プライバシーのない西洋

西洋のライフスタイルについては、多くの誤解があります。一般住宅にも多くの個室があ

炉
茶室における炉は村田珠光が真の四畳半に炉を切って弓台を置きあわせたものが最初だとされている。その寸法や位置が定められたのは武野紹鷗の時代からで、『南方録』には、紹鷗と利休が相談して、その規格を定めたとされている。茶席で炉を用いるのは、冬と春。また、陰陽五行思想にしたがって、風炉の陽に対して炉は陰であるとされる。

竈
「かま処」の意味。その発生は古墳時代のこととされ、『日本書紀』にもこの記述がある。竈口は原則として奇数が好まれた。東北地方では竈神の面をその近くの柱に掛け、関西地方では荒神を祀る。

ったというイメージもその一つです。実は十七世紀以前の西洋の暮らしは、ほとんどワンルームでした。それこそプライバシーなどという概念はありません。その代表例がフィンランドの住居です。暖炉が住居の中心にあって、一方が女性の場、他方が男性の場、そしてこちらが仕事の場、向こう側が食事をする場という具合に、位置関係で分割されています。壁ではなく、火との位置関係で分かれていました。

西洋における重要な火の役割は、暖と食でした。日本の囲炉裏と用途的には似ています。もちろん照明でもあります。近世以前の住文化は、それほど日本と西洋とで違っていたわけではありません。むしろ日本の方が発達していたようです。

西洋は、ワンルームをいろいろ使い回して、案外素朴な暮らしをしていました。プライバシー概念は西洋でも近世以降に生まれたものであり、それ以前は皆が神とともに暮らしていたわけです。

もちろん壁に付属する暖炉の火と、平面的な囲炉裏の火とでは、かなり性格が異なります。囲炉裏の方が空間的な意味合いが明確です。

「ひえかぶる」文化

茶の湯は西の文化ですが、茶室には囲炉裏という北の要素が入っています。西行以降、無常感のなかから「ひえかぶる」という言葉が生まれてきました。ひえかぶるというのは、冬の趣向です。そういう感覚が、日本の文化を深めていったともいえます。囲炉裏を茶の湯の世界のなかにもち込むことは、ひえかぶる文化をリファインすることでもありました。

炉は一般的に東北の隅に切られます。居住空間では、東北隅はちょうど居間にあたります。南面するのはハレの間で、北に向かうのがケの間です。東西では、西向きがハレ、東向きがケの間ですから、北東はケのなかのケにあたり、もちろん鬼門の方角でもあります。

茶の湯では、十一月を境に、炉と風炉の世界に分かれます。風炉とは竈です。囲われた火を使う燃焼効率のいい方法です。囲炉裏では、わずかな燃料で湯を沸かすのはたいへんですが、竈なら少ないエネルギーですみます。もともとは西と東との環境の違いで、東は生活が豊かな森林とともにあるため、燃料としての樹木は豊富でした。その証拠が、南部鉄器です。砂鉄が採れるために鉄器づくりが盛んになったともいわれますが、もっと大切なのは燃料です。南部は、鉄を溶かすだけの燃料を、山として抱えているわけです。西の平

西行（1118–1190）
平安時代末期の歌人。平将門の乱を平定した藤原秀郷の九代目の子孫。歌人でありながら死者再生の魔術を学んだなど、奇妙な伝承に富んだ人物である。室町時代に入ると連歌師の理想像とされ、謡曲では幽玄の極致をあらわす人物として描かれた。江戸時代には芭蕉が西行を賛美し、「侘び」「寂び」の境地の先駆者と考えられるようになった。

竈土
本来、「くど」とは竈の後ろに設けられる煙出しのこと。「竈（くど）造」は、主に九州地方の民家で棟がコの字形になっているものをあらわす。

上：室町時代の「鼠草子」に描かれた角形の竈。鼠の婚礼を描いた「鼠草子」からは、当時は本格的な煮炊きは屋外で行われていたことがうかがえる。
下：「洛中洛外図屏風」（舟木本、江戸時代、東京国立博物館）の土饅頭形のポータブルな置き竈。

地文化では、それほどふんだんにはエネルギーを使えません。それも竈の文化が発達した一つの理由でしょう。

茶の湯では、竈土《くど》という言い方をします。竈土構えというものもあります。ようするに竈の構えです。竈土構えは、だいたい茶屋に多く、桂離宮の松琴亭《しょうきんてい》や三溪園の聴秋閣《ちょうしゅうかく》も竈土構えです。竈土構えは、普通の茶室より楽でリラックスできるので、遊興が優先する茶の湯では、だいたいこの様式になっています。当然、煮炊きも行われました。炉では、もう少し精神性が強くなってきます。両者の中間が、風炉の構えでしょう。

結局、夏は涼しい茶の湯の世界をつくり、冬は暖かさを求めるわけです。そういう面でも、炉と風炉の切り替えはよく考えられたものだと思います。茶の湯には、それまでの文化がすべて集約されています。テーマを火に絞っても、そういうことを感じます。

炎のパッケージ

七輪や火鉢のような、パッケージされ動かせる火は、日本独特のものかもしれません。暖房の歴史のなかでは、手焙りになったり、炬燵《こたつ》になったり、火鉢になったりしてきました。

松琴亭
桂離宮内の茶室。この亭の前面を「夜の面」といい、「夜雨」の銘のある灯籠が据えられている。松琴の名は「松風入夜琴」と題して詠まれた斎宮女御の歌にちなんだもの。

聴秋閣
横浜三溪園内にある数寄屋。もともと徳川家光が佐久間将監に命じて二条城内に建造した数寄屋であると伝えられている。当初は三笠亭と呼ばれたが、大正時代に三溪園に移築された際、聴秋閣と改称された。

中世では、西洋より日本の方がはるかに暖のとり方が巧妙で多彩でした。その背景には、炭づくりのテクノロジーの発展がありました。こういうモバイルでパッケージ化された道具は、きわめて今日的でもあります。

われわれがイメージするストーブが西洋で生まれたのは、近代になってからでした。煙突の技術革新も、十八世紀くらいです。それでやっと冬の室内が煙たくなくなったわけです。西洋の火の文化は、おそらく煙との戦いだったのでしょう。ワンルームの状態から、目的別に部屋を分割していった理由の一つも、寒さへの対応でした。要するに、小さくすると暖まりやすいということです。

闇の防御

囲炉裏には、照明と暖房と乾燥の役割がありますが、茅葺き建築は天井を張りません。張るとしても簀子《すのこ》張り程度のもので、囲炉裏の煙が茅につく虫を駆除していました。だからかつては六十年に一回、茅を葺き替えればよかったのに、現在は囲炉裏で火を焚かなくなったため、三十年もたないといいます。

炭

中国大陸では、約三千年前の青銅器文化の時代には木炭がつくられていたことが推定されている。日本でも縄文時代の終わりころには木炭製造がはじまっていた。正倉院には火鉢も収蔵されており、日常生活でも貴族を中心に大量の木炭が消費されていたと考えられているが、一般への普及は室町時代以降である。日本では窯で焼くのが普通であるが、ヨーロッパでは窯を築かず、炭材を積み重ね、その上を土や枝で覆って焼く方法が続けられた。

そこでいちばん怖いのは、火の粉です。構造的にも火事になりやすいので、囲炉裏の上には必ず板を渡し、火止めをしていました。二階は簀の子で防御して、煙だけを上に通すわけです。

炉の役割では、やはり照明としての効用がもっとも大きかったのではないでしょうか。たとえば縄文の夜は深い闇で、見えない世界が身体のそばまで押し寄せてきます。だから縄文の人びとは、寝ているあいだに魂をもっていかれるのを防ぐために、膝を抱えて寝ていました。彼らにとって夜は仮死の時間であり、朝になると再生するわけです。だからずいぶん後の時代まで、一日のはじまり、つまり日付けが変わるのは朝でした。そんな彼らにとっていちばんの頼りは、やはり火だったのでしょう。

火は、世界の中心軸でもあったので、炉口が発展して、祭壇になっていくこともあります。護摩壇がその代表です。マンダラも、マントルピース、すなわち暖炉と語源が同じだとされています。

囲炉裏は、煮炊きが中心ではありませんが、竈の機能はあくまでも煮炊きが中心です。だいたい玉串《たまぐし》型に配列されます。多いところでは十以上も並んでいて、その中央に座ってすべてを管理できるように、玉串型に並んでいるわけです。そこには一つだけ、ほとんど使

荒神
荒神信仰は、屋内の火所に祀られ、火の神、火伏せの神の性格をもつ三宝荒神、屋外に祀られ、屋敷神、同族神、部落神の性格をもつ地荒神、牛馬の守護神としての荒神の三つに分けられる。最近まで陰陽師や山伏が「荒神祓い」と称して各戸の三宝荒神や土地の神を浄めてまわる風習が残されていた。

わない特別の竈があり、荒神や竈神が祀られています。

神様のいない部屋

現代の住宅は、床暖房や電磁調理器のように部屋に裸火をもち込まない方向に発展してきました。一方で、火鉢や蝋燭が流行ったりするのは、あまりにも火から離れた生活をしていることへの反動でもあるのでしょう。

日常生活から火をこれほど排除してもいいのかという問題は、空間デザインの大きなテーマかもしれません。将来は、裸火はレストランや飲み屋でしか使われなくなってしまう可能性もあるでしょう。店はある種の文化記憶装置でもあります。

生活空間から火が排除されてしまったのは、そこに神様がいなくなってしまったからかもしれません。

内田繁＋小泊重洋

於:2002年夏、静岡県金谷お茶の郷博物館
小泊重洋(こどまりしげひろ)……お茶の郷博物館元館長。1940年、大分県生まれ。

岐阜大学農学部卒業。静岡県茶業試験場を経て、98年より2004年までお茶の郷博物館館長。

『茶の科学』『お茶のなんでも小事典』『お茶と水』などの共著書がある。

専門は、茶の無農薬栽培に関する研究。

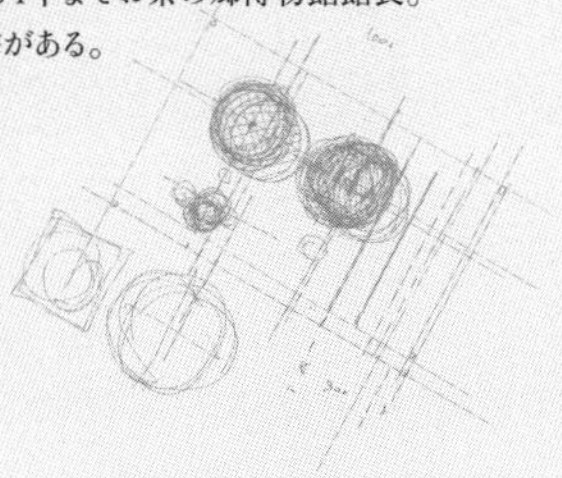

第6章

談 interlude

●小堀遠州の茶室にて

内田――私は、十数年ほど前まで、茶道や茶室について、ほとんど何も知らなかったのですが、あることをきっかけに、茶室について調べはじめ、すっかりそのおもしろさに魅了されました。いまでは、茶室はインテリアデザインの原点でさえあると考えています。とりわけ、デザインという視点から見ると、小堀遠州の茶室が刺激的です。

小泊――一般には、お茶といえば千利休ですね。最近では利休の弟子にあたる古田織部も、よく知られるようになってきましたが、遠州はこれからもっと注目されていい人だと思います。

内田――利休は茶の大成者であり、その精神性を徹底的に追求しました。織部は、利休を生涯の師としながらも、利休の「静」に対し「動」のイメージを強調しています。それは利休の美を破壊し、革新的な茶を実践したものだともいわれます。利休の孫弟子にあたる遠州は、利休や織部の遺産ばかりか室町文化や平安の貴族文化まで、自在にとり入れました。利休の「わび数寄」に対し、遠州の「きれい数寄」と呼ばれるように、非常にモダンで洗練された世界をつくった人です。

小堀遠州（1579–1647）小堀遠江守政一、号は孤篷庵。坂田郡南郷里村小堀で生まれたといわれる。一六〇八年に普請奉行として駿河城を築城した功で遠江守に任ぜられ、華道、名物の鑑定などに長けていただけでなく、二条城、大坂城、江戸城西丸などの作事（さじ）奉行としても活躍。桂離宮庭園や大徳寺孤篷庵などが有名。また茶道は古田織部に学び、遠州流茶道の創始者となり、三代将軍家光の茶頭を勤めた。建築造園には古典美を発揚し、武家全盛時代にふさわしく茶室・鎖の間・書院の一体化をはかった。遠州七窯は、小堀遠州が好みの茶入れや茶碗などをつくらせた七つの窯のこと。遠江志戸呂（しどろ）・近江膳所（ぜぜ）・豊前上野（あがの）・筑前高取・山城朝日・摂津古曾部（こそべ）・大和赤膚（あかはだ）。

小泊——確かに現代に通じる作家です。

内田——私は、利休の茶室も好きですが、あれをにわかに現代社会のなかにもってこられても、多くの人はとまどうでしょう。

小泊——最近、遠州は日本のレオナルド・ダ・ヴィンチといわれるようになりました。世界的にダ・ヴィンチ流の発想があらためてクローズアップされているように、遠州の総合的な才能も学ぶところが多いと思います。

内田——遠州の凄いところは、その総合性です。王朝文化までとり入れ、全部をひとくくりにして、すべてがお茶なんだといってしまえるところに、遠州の強さや現代性があるように思います。利休の茶室には利休という人の精神が見事に宿っていますが、そこに現在生きている自分とのかかわりを見つけるのは、なかなか難しいのです。たとえば遠州は、露地を使わないところなども凄いですね。ここもそうですが、建物のなかを歩かせて、露地がわりにしています。表に出ないで家のなかを露地のように辿ってゆく。そんなところもマンションや現代住宅の生活感になじみます。

小泊——若い人たちと話してみると、利休に代表される茶室には暗いイメージがあるようです。ああいうところに行くと、これは名のある茶室だからいいと思わなくてはならない

静岡県金谷　お茶の郷博物館

お茶の歴史と文化、そして世界各国のお茶をめぐる生活史料を収蔵展示する、お茶の総合博物館。また小堀遠州による茶室と庭が復元されている。

〒428-0022　静岡県島田市金谷3053-2

写真は数寄屋の躙口より庭を見る著者(左)と小泊氏。以下、本章写真はいずれもお茶の郷博物館で撮影。

と強制されているような気がするそうですが、遠州の茶室は、何も知らないで見ても、おもしろいと感じるようです。

棚の人

内田――そもそも、なぜここ静岡で、遠州の茶室を復元したのでしょうか。静岡の地には、抹茶より煎茶の方が似合いそうですが。

小泊――確かにこういう明るい土地柄ですし、遠州は近江（滋賀県）出身です。

内田――遠州の茶室は、光がたくさん入ってくるように工夫されています。利休は光を制限しようとしました。そういう意味では、遠州はなるほど、静岡に合っているのかもしれません。

小泊――それほど意識して、ここに遠州の茶室を復元したわけではありません。最初は何をつくろうかと迷いましたが、金谷に遠州七窯の一つの志戸呂焼があったことがきっかけになりました。そういう細い関係だから、あらためて、なぜここで遠州かと問われると困るのですが、伏見奉行を勤めた遠州による奉行屋敷の「鎖の間」と「数寄屋」、そして遠州が親交していた松花堂昭乗のために建てた「書院」の一部を復元合築しました。

内田——書院の柱には、煤が塗られていますね。

小泊——松の煤などを塗り、和蝋などを入れた袋でこすって、夏目と冬目のパターンを浮き上がらせています。木目をあらわすというのは、遠州の一つの特徴です。書院ではまた、入り口から奥へ進むにしたがって、次第に天井が低くなっています。遠近感をつくり、床に視線を向ける工夫です。引手のデザインも、遠州のものです。

かつて書院には狩野探幽の絵があったといわれており、本来なら、そういう襖絵が必要なのですが、下手なものを入れるぐらいならということで、白地のままにしています。棚も多く、そこには道具を飾るべきなのですが、半端なものならない方がいいので、やはり何も置いていません。

内田——遠州が、書院を使うようになったのは、道具を見せたいという欲求があったからではないでしょうか。

小泊——そうですね。ギャラリーのようにしたかったのでしょう。

内田——だから棚をたくさん用意したのですね。遠州に設計を依頼した大名たちが自分の道具を誇示したがったからというのが直接の理由ですが、棚を室内にしつらえるという発想自体がきわめて現代的です。本来、日本では、建築のなかに棚をしつらえなかったものです。ところが、茶室が完成されていくと、そのなかでものを美しく見せるという姿勢がはっきりしてきます。利休の侘び茶のころは、わずかなものによって空間そのものを強調する飾りでした。遠州あたりになると、何と何を置いたらどういうイメージになるのかということ、つまり複数のものの配置に気を配るようになります。飾りのバラエティも格段に増えました。

インテリアデザインの視点から見ると、収納には隠す収納と見せる収納があり、遠州の棚は見せる収納装置です。これだけ圧倒的に棚が用意されていると、それだけで楽しいものです。棚の寸法のとり方もモダンで数学的です。もともと数学的秩序を崩していくのが数寄屋で、そこでは人間の感覚や精神が重視されていました。遠州はもう一度、数学的秩序をデザインしはじめています。そこも現代の感覚に合うのでしょう。

デザイナー遠州

小泊——遠州はつねに挑戦し続けていた人ですね。

内田——たとえば書院のような非常にすっきりとした世界を、どうしたら茶室に転換できるのかと考えたわけです。本来、書院と茶室はまったく別物です。遠州の手がけたある茶室、たとえば大徳寺塔頭《たっちゅう》の孤篷庵忘筌《こほうあんぼうせん》の間などは、一見すると書院ですが、ある角度から見ると、きちんと茶の湯の構えになっています。光のとり入れ方一つで書院とは違う空間に仕上げているし、丸柱を一本使うだけで茶の湯の空間にしてしまいます。また床の構えに吹き抜けをつくり、茶の湯の世界に転換しています。うまいですね。ほんのささいなところが凄いのです。そういう感覚のスイッチの仕方が、現代デザインにきわめて近いと思います。精神性ということなら、遠州の茶室は利休の強さにはかなわないのですが、デザイン的に非常にすぐれています。

また遠州は、茶の湯をコミュニケーションの面からとらえています。それも一対一の限定されたコミュニケーションではなく、多くの人との開かれたコミュニケーションという見方ですね。

小泊——サービス精神旺盛な人だったのではないかということを感じます。誰かを喜ばせようと工夫をこらして、それを外から見て楽しんでいるというところがあります。

内田——本人自身、興味津々という風情があります。定家流の書を書かせるととても達者です。そういう定家の時代の貴族文化にも興味津々であり、一方で武家の書院的な世界にも関心をもち、織部の考案した侘びとの中間、つまり真行草の「行」の世界も、利休の世界も、全部を欲しいという人です。

小泊――庭をつくらせても、西洋のガーデニングを感じさせるものさえあります。

内田――オランダに焼物を発注したりもしています。建物には直接西洋を感じさせるものはありませんが、秩序を充実させながら建築を考えているというところは、西洋に近いところです。

そもそも数寄屋は秩序を崩すもので、書院は秩序をデザインしていくものです。この二つが同時期に生まれているのが、日本文化に魅力的な陰影をつくっています。遠州は、その両者に目をくばっていました。庭でも秩序を重視して、石や生長の遅い樹木を多用します。刈り込んでおけば、その形を保っていけるわけです。利休のあるがままの自然とはまた違うものです。

上：書院、下の間から上の間を見る。上の間九畳には一畳の出床が構えられ、その脇手の庭側に張り出して、違棚と付書院を備えた上段が設けられている。下の間、上の間、床、と次第に天井が低くなっており、床に視線が集中する仕立となっている。
下：書院、上の間上段の付書院。花頭窓（かとうまど）の上部には、花七宝文様の透かし彫りを施した板欄間を建て込んでいる。

小泊――遠州によって、茶が娯楽になったといえます。

内田――利休は、茶をやるならいろいろな部屋を使ってはいけないといっていますね。小間でやるなら徹底的に小間でやりなさいといいます。遠州になると鎖《くさり》の間や書院まで使って、バラエティを楽しんでいます。精神性が凝縮した茶の湯の世界を解きほぐしています。もともと室町の殿中茶湯というのは宴会の一手段でした。歌を詠んだり、茶をいただいて、最後には酒を飲んで大騒ぎになるというものです。そういう意味でも、遠州は娯楽性を復活させた人です。精神性と娯楽性を上手に融合したわけです。利休は精神一本の人でした。また殿中茶湯では、珍しい文物を愛でることを皆で楽しんでいましたが、利休の侘び茶の時代になると、そういうことを戒めはじめました。茶の湯は心だといいはじめます。遠州の時代には、もう一回ものを楽しもうということになります。おそらく、平和の時代になりはじめ、死と背中合わせの気構えではなくなったことに起因しているのでしょう。そのこと自体が、近代への出発点だったようにも見えます。

棚の多さというのも、楽しむ茶の湯の象徴です。現代の収納も何でも隠してしまえばいいというわけではなく、しまうものと美しく見せるものと、そのバランスを保っていけば、暮らしはもっと豊かになるはずです。

私がインテリアデザインで心掛けてきたことの一つも、どれだけものを飾るスペースを用意できるかということでした。生活者が、どれほど楽しんで毎日飾りに挑戦できるだろうか、そういうことを意識していました。その原型は、やはり小堀遠州にあったのだと思います。

上：書院下の間の入り込み。三重釣棚、袋棚、違棚が複雑に仕付けられている。
右の上：書院下の間の床と棚。床内右手に四段の袋棚があり、その下には三角の隅棚が組み込まれている。さらに床の棚側上部には二重の釣棚も仕付けられている。
右の中：書院下の間の三段の袋棚。棚の高さの比率が数学的な秩序を感じさせる。
右の下：鎖の間の床(左)と次の間を見る。櫛形窓の意匠に現代性が感じられる。書院では台子(だいす)の茶(真の茶)、ここ鎖の間では釣釜をしての棚物の茶(行の茶)、そして数寄屋では炉の茶(草の茶)が行われた。

数寄屋。茶道口・給仕口を開けて茶室内部を見る。かつて「松翠亭（しょうすいてい）」と名付けられていたこの数寄屋は、遠州が好んだ長四畳台目、下座床の茶室で、下手一畳は相伴席（しょうばんせき）の見立てだとされている。

屏風・障子などの、絵も文字もかたくななる筆様して書きたるが、
見にくきよりも、宿の主のつたなく覚ゆるなり。
大方、持てる調度にても、心劣りせらるゝ事はありぬべし。
さのみよき物を持つべしとにもあらず。損ぜざらんためとて、品なく、見にくきさまにしなし、
珍しからんとて、用なきことどもし添へ、わづらはしく好みなせるをいふなり。
古めかしきやうにて、いたくことことしからず、つひえもなくて、物がらのよきがよきなり。
◉吉田兼好――――『徒然草』

第7章

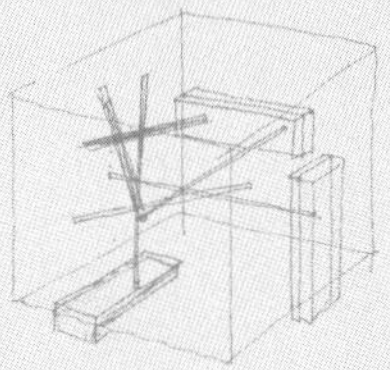

飾

◉空間の物語

変化は、日本の暮らしにおける重要な要素ですが、近代になると、こまめにものを変えることが次第にできにくくなってきました。それはおそらく、道具の用途性を重視しはじめ、しまったり出したりするものではなく、つねにそこにあるもののなかで暮らしていこうという傾向が強くなったためでしょう。

その傾向そのものは、すでに障壁画の時代にもあります。本来道具だった襖は、入れかえするものでしたが、寺院のしつらえとしての障壁画のように、そこに描かれたものが空間の意味を決定するようになります。それは頻繁に取りかえられるものではありません。この傾向は室町時代の前後あたりから強くなってきますが、どちらかというと大陸文化の飾り方であり、変化ではなく、空間を定着させるやり方なのだと思います。われわれの暮らしでも、そう簡単に屏風を取りかえたり、掛軸を取りかえたりすることは、かなり意識しないとできません。そのような流れのなかで、現代のわれわれは壁に絵を飾りはじめたわけです。

現代の暮らしと過去の暮らしとの決定的な違いは、壁の量の違いです。近代的な家、モダ

上：表面が装飾で埋めつくされた東照宮＝縄文タイプの二条城。
下：フラットな伊勢神宮。東照宮や二条城の装飾一つひとつに物語やシンボルが込められているのはもちろんであるが、一見シンプルな伊勢神宮も、その平面構成や建物の向きなどは、特定の意味と法則によって定められている。

ンな家に住むということは、壁の多い家に住むということであって、日本人は壁のある暮らしに現代的・西洋的なイメージを感じたのです。しばらく前まで、襖があっても、これが壁だったらいいのにと、皆が思ったのではないでしょうか。その壁をどのように美しくしていくのかということが、現在のテーマになってしまったのかもしれません。

壁の装飾が上手なのはヨーロッパ人です。写真を飾る場合も、一枚ではなく、数十もの大小さまざまな写真を壁に上手に配列し、全体の部屋のイメージをつくっていきます。壁そのものに、重圧を感じていた文化のなかで洗練されてきた感覚です。言葉としての「壁」は、越えられないものであったり、どちらかというとよくないイメージのものでした。そんな西洋は、近代になって鉄とコンクリートとガラスの建築により、ようやく壁から逃れられたわけです。

スーパーフラットの時代

いささか図式的な見方ですが、日本の装飾の歴史は、縄文的なイメージと弥生的なイメージの二つの流れがあるといわれます。縄文的なものは、ここ数十年後退してきました。ど

縄文と弥生

古代においてすでに完成されていた縄文と弥生という対極をなすような二つの様式は、以降の日本文化の形にも当てはめて考えることができる。うがった見方をすれば、東照宮と伊勢神宮、桃山の黄金文化と茶の湯、歌舞伎と能楽、さらには空海と貫之、國芳と春信……いずれも前者が縄文、後者が弥生的であると図式化してみることができる。もちろん、端正な縄文や重厚な弥生があるように、文化の単純な図式化には限界がある。しかし、日本の美意識が、「侘び」や「余白」に代表される「弥生的」なものばかりではなかった事実は、空間の充填に向かう「縄文的」なる形を歴史のなかに見出すことで、あらためて納得できるはずだ。

んどんスーパーフラットになり、弥生を通り越して、かなり透明なところに向かっているようにも思えます。しかし縄文的な美の命脈もどこかで生きているはずです。それはいい換えると、装飾そのものが空間の主題になってゆく方向です。過去では、古田織部あたりが、どちらかというと縄文的だといえますが、彼はそれをかなり意図的にやった人ではないでしょうか。歴史のなかでは、縄文と弥生の二つの流れが繰り返し、ときには混交しながら時代をつくってきたようなところがあるのですが、やはり現代は、スーパーフラットに流れすぎています。もっともっと飾っていいと思います。

現代では、なぜか情念という言葉が非常に敬遠されています。会話からもすっかり消えてしまいました。六十年代後半あたりは逆に、情念という言葉がかなり頻繁に出ていた時代です。

現代は、淡泊でミニマルであることをよしとする時代ですが、なかにはそれだけではもの足りないと感じている人たちもいるはずです。淡泊な方向は、素人でも何ものを置かないという、もっとも単純なやり方で実践できます。楽なやり方ではありますが、もっと意味のあるものを置いたり、存在感のあるものを並べたりしたいという欲求もあるはずです。マンションも四角い箱のように、ことごとくシンプルになってしまいました。強い色も使

古田織部(1544-1615)
美濃に生まれ、通称左助、のちに重然(または重勝)と改め、信長、秀吉、家康、秀忠に仕えた武将でありながら、利休七哲の一人と呼ばれ、天下一の数寄者として名を馳せた。利休が完成させた「侘び」の精神を継承しながら、「織部好み」と呼ばれる大胆で自由な茶の湯をつくりだしたが、大坂夏の陣に際し、門人の一人が大坂方に内通した罪を問われ切腹。

われることがありません。

縄文の文様は、単に美的な位置付けだけではなくて、見えない世界とかかわりあっていたと思います。この見えない世界との交信が薄くなってきたのも、今日を象徴しているように思えるのです。

現代建築の一つの試みとして、四角な箱を崩していって、オーガニックな形態を生み出そうとする流れが出てきてはいます。現代的なフラットな感覚をぎりぎりのところで維持しながら、何とかあばれようとしている状況だろうと思います。

ソットサスの実験

ポストモダン建築も、かなり装飾性が強いものでした。その大きな特性の一つに歴史の引用がありましたが、表層的なところに止まり、本質的な部分にまでは届いていなかったような気がします。そこがすぐに飽きられた理由でもあるのでしょう。

ポストモダンと同時期に、エトーレ・ソットサスを中心にしたメンフィスの運動体がありました。彼らは、バウハウスによってシンプルで工業的なものの延長線に確立された現代

ソットサス(Ettore Sottsass 1917-) オーストリア出身。一九三九年、トリノ工科大学卒業。四七年、ミラノに建築・デザイン事務所を設立。五八年、オリベッティ社のデザインコンサルタントに就任し、バレンタインなどのタイプライター、コンピュータをデザインした。八〇年、マルコザニーニらとともにソットサス・アソシエイツを設立。翌八一年、ミケーレ・デ・ルッキらとともに「メンフィス」を立ち上げ、モダンデザインの旗手として活躍。

成巽閣

幕末につくられた金沢、成巽閣（せいそんかく）の部屋には、それぞれのテーマに合わせた趣向がこらされている。びいどろ絵がはめ込まれた松の間（上）と、加賀群青を主体に紫の顔料をあしらった群青の間（下と左）。

の美の基準を、逆転してみようという視点に立っています。バウハウスがやらなかったことすべてをやってみようというわけです。バウハウスが美しくないといったものについて考察を加えることから、彼らの運動はスタートを切りました。パターンにしても、サイケデリック以上に強い原色の組み合わせを試み、それまで見たこともないようなパターンのラミネートシートで家具をつくったりしています。表層というものがいかに人間の感覚に影響を与えうるのか、という実験でもあったのだと思います。

大理石が美しく素晴らしい素材というなら、大理石の文様を貼っただけの家具にも、未来の美しさがあるはずだということを彼らは主張します。本物であることが、必ずしもすべてであるわけではないということを主張したのです。

そういう実験を、彼らは五年間続けました。ソットサス自身、あらかじめ「この運動体は五年で終わる」と宣言していました。

彼らは、デザインには二つの立場があると考えています。一つは、プロフェッショナルとして、現代社会で現実性のある、多くの人びとに受け入れられるものをつくるという立場、もう一つが、未来に対しての予見のような契機的な仕事をするという立場です。その契機的な仕事の一つが、メンフィスだったのです。ところが、五年間で、世界中のデザイナー

バウハウス(Bauhaus)
ドイツのワイマールにグロピウスを校長として創設された造形学校。反アカデミズムの精神のもと、技術時代の造形を追求したものとしてデザイン運動の一つの頂点となった。

がメンフィスの洗礼を浴びてしまいました。すると、それまで美しくないといわれていた形態やプロポーションが、美しく見えるようになりました。世界中がまさにメンフィスになってしまったわけです。人の感覚はずいぶん変化しやすいものだということが、実証されたといってもいいでしょう。あえていうなら、縄文的なもの、あるいは東照宮的な美の流れは、メンフィスにあります。それは、いまも一つの可能性をもっている表現方法です。

アラッドの挑戦

世界はいま、新たな工業化の時代に入りました。バウハウス時代にはなかった工業製品の魅力が生み出され、しかもコンピュータを介することにより、シンプルでありながらオーガニックな形態をもっているものも出てきています。ただし冷静に見れば、それもスーパーフラットな感覚の一部です。そういう傾向がここしばらく続いており、これからも当分は続くとは思いますが、その陰でメンフィス的なアプローチは確実に生きています。この十年間イタリアのデザイナーは、おとなしくしています。その間にロンドンのデザイナーが前面に出ていますが、きっとこれはまたどこかで逆転するでしょう。

ロンドンのデザイナーには、人間の恣意的な感情をできるだけはずして、ものをつくろうという姿勢があります。その代表がロン・アラッドです。彼はコンピュータ・デザインの未来をほんの少しですが、見せてくれました。多くの人は、コンピュータを便利な道具としてしか使っていません。そんななかにあってアラッドは、コンピュータによってこれまで誰も想像しえなかった領域にまで踏み込む可能性を示唆してくれました。たとえば、コンピュータにあらかじめいくつかのパラメータを入力しておき、形態を自動的に変化させていきます。それを止めた瞬間に、形態が定着されるわけです。その形態は、おそらく人間が紙の上でゼロからデザインしても到底生まれてこないものです。

「一般」という名の怪物

まだフラットな感覚から抜け出していない現代では、形ではなく色からはじめた方がいいのかもしれません。本当は家にはもっと色があってもいいと思います。あまりにも色がなさすぎるのは、誰が買うかわからないからデザインが成立しないというのが、おもな理由でしょう。特定の誰かが想定できるからこそ、形も色も生まれてきます。いまは、一般と

アラッド(Ron Arad 1951–)
イスラエル生まれ。エルサレム芸術学院で学び、一九七三年、ロンドンに移住。八一年、キャロリン・トールマンとともに自身のデザインスタジオ「One Off」を設立。八九年には「ロン・アラッド・アソシエイツ」を創設。現在、ロンドン・ロイヤル・カレッジ・オブ・アートのデザイン・プロダクト科教授。

いう架空のモンスターを相手にデザインしているようなものです。

マンションのデザインも、まだ空間の関係について探っている段階です。古典的な住まいの形も、新たな関係性を想定することにより、もっと変化し、もっと違うものになるという可能性に、ようやく気づきはじめたのかもしれません。機能優先主義、つまり楽しむ前にまず機能を充実させなければいけないという動向からは、少しずつ離れはじめています。近代初期の住まいの空間概念からは、動線計画が生まれました。動線は短いほどいいという考え方です。ところが、長い方がいい場合も、たくさんあります。アプローチが長いと、気持ちにゆとりができます。モダニズムは、能率がテーマでした。ただし、その能率は、あくまで人間の身体にとっての能率です。精神にとっての能率ではありません。精神の能率を考えるなら、色や形に対して、まったく別のアプローチがありうるはずです。

装飾が語りはじめるとき

装飾には、教養が必要ですが、現代のデザインには、文化人類学的な発想が非常に少なくなってしまいました。ファンクションが勝ちすぎています。本来、デザインと文化人類学は同じ次元にいるはずです。人はどう生きてきたのか、人はどのように装飾してきたのか、あるいは儀礼をつくりだしてきたのか……そういう部分が消えると、家に物語が生まれなくなってしまいます。だからこそ、人間はなぜ集団で生活してきたのか、なぜ家をつくったのか、なぜ空間を仕切ったのかということを、あらためて考えるべきときが来ているのだと思います。

住まいは、根源的なものです。装飾も、美しいかどうかだけを問題にするのでは、底が浅すぎます。メンフィスの運動のように、それまで美しくなかったものが美しく見えてくる可能性もあります。そこにどのような意味があるのかという視点が加わると、突然、別のものが見えてきます。だからこそ装飾には、教養が必要なのです。教養によって、イマジネーションがより大きく展開するのです。たとえば日本古来の儀礼や古典を学ぶと、空間の役割に対応した装飾をすることもできます。装飾に意味や象徴性を読みとることで、世界は大きく膨らんでいくはずです。

「見立て」と「あわせ」

現代人は、見立ての能力を喪失しつつあります。飾ることは、見立ての楽しみでもあります。見立てとは、決して高価なものを並べて見せることではありません。あるものを連想し、もどいて、そこに定着させていくものです。つねに何かのテーマを想定しておけば、ベトナムやタイ、イタリアやフランスに行っても、そこにあるものが突然違って見えてくることがあるはずです。

江戸時代には、浮世絵や歌舞伎のような庶民文化において、「見立て」や「もどき」や「やつし」のテクニックが、非常に発達します。そもそも日本文化は、外来のものが出発点になっているので、まず見立てるしかなかったのです。見立てによって自分たちの暮らしに適合させるというのが、日本文化のそもそものスタートだったのではないでしょうか。茶器もはじめは何もありませんでした。これは茶碗に使える、これは水指に使えるという具合に考えながら使われてきたものです。見立ては想像力です。装飾もまた、想像力だと思います。

「見立て」とともに重要なノウハウに、「あわせ」あるいは「そろえ」がありますが、現代デザインはそろえ一辺倒になってしまいました。見立てによって、まったく違うものを組み合わせるという発想があまりに乏しいと思います。確かにヴィトンならヴィトンで全部そろ

見立て

広い意味での「見立て」の歴史は仮名の誕生までさかのぼる。中国から伝来した漢字を、当初は万葉仮名として、後には平仮名・片仮名にアレンジして用いたのも、一種の「見立て」といえるだろう。中国を代表する風光の地、瀟湘（しょうしょう）八景にちなんで近江八景や金澤八景なども見立てられた。茶の湯でも成立当時は、既存の文物を茶事の目的に合わせて転用していた。しかし、やはり「見立て」の技法を多用したのは、江戸期の庶民である。とりわけ歌舞伎や浮世絵は、歴史上の人物や伝説、名所旧跡などの「見立て」に満ちている。右頁は鈴木春信による見立て絵の代表作「見立小野道風」（東京国立博物館）。タイトル通り、江戸の女性が平安の書の名手、小野道風に見立てられている。絵柄は、花札の「雨」でおなじみの構図。

えるのは、経済的にはともかく、楽なやり方ではあります。しかしそこに違うものを一つ入れることによって、もっと大きな膨らみが出てくることがあります。想像力は、そういうところでためされます。

現代は、何かを一つ決めたら、何でもかんでもそれでいこうと思いすぎます。飾りを変えていく場合も、飾りを固定する場合も、それで完璧にしようと思いすぎないほうがいいでしょう。たとえ失敗しても、それが新たなきっかけにはなるはずです。

かつて、どこの家の茶箪笥のなかにも、土産物の人形や置き物がたくさん並んでいました。ともすると雑然となりがちですが、ああいうものでも、家によっては魅力的に飾られていることがあります。そんなところにも、装飾のヒントは隠されています。

黒楽茶碗の存在によって、利休の二畳の茶室が完成したといわれます。おそらく利休は、どんな茶碗を置いたら、二畳の茶室が成立するのかということを考えていたはずです。天目も井戸も、過不足があるとずっと感じていたのでしょう。いくら井戸が好きであっても、それでは二畳の茶室は成立しません。二畳の茶室のビジョンがあり、そこにふさわしい道具をずっとイメージしていて、「楽」に出会うことで一挙に成立したのだと思います。道具と空間の関係というのは、そうそう柔なものではありません。

黒楽、天目、井戸

黒楽は黒色釉のかかった楽焼質（手造の火度の低い陶器）の焼物。黒楽茶碗とは楽焼宗家の楽氏の窯で焼かれたものを指し、それ以外を黒楽釉茶碗と呼ぶ。天目は、鼈嘴（べっし）型の口造で、外側下部に「く」の字状の面をあらわした外開きの姿に、鉄質の黒釉がかかったもの。井戸は、朝鮮産の抹茶茶碗の一種で、朝顔形で轆轤目が強く、高台が竹の節状になりカイラギ（釉薬の鮫肌状に荒れた部分）があるもの。

花をのみまつらむ人に山里の
雪間の草の春を見せばや――
◉藤原家隆

第8章

祀

◉祈りと季節

現代日本の生活、とくにマンションにおいて、いちばん扱いに困るのが仏壇や神棚でしょう。私の家でも、やはり和室に仏壇が置いてありますが、和室がいいということではなく、和室に似合う仏壇しかないことがその理由です。もっと居間の近く、つまり洋間に近いところに仏壇を置きたいと以前から思っていました。

今後は一人っ子同士の結婚がさらに増えるでしょうが、それでも仏壇は置いてくれるはずです。そこで以前から、現代の生活空間と仏壇仏具の適合が試みられるべきだと思うようになりました。現代生活と祈りの空間との融合は、インテリアデザインの重要な課題でもあります。

多くの人が、仏壇には決まった形式があると思い込んでいますが、現実には決まりごとは何もありません。そもそも現在の仏壇の形態が成立普及するのは、江戸の大火がきっかけでした。火事のときに、いつでももって逃げられるように、仏間がポータブル化したわけです。家に仏壇を置くという習慣そのものは、檀家制度の成立とかかわっています。さらにさかのぼるなら、正月の歳棚《としだな》とか盆の精霊棚《しょうりょうだな》に辿りつきます。縁側などに壇をつくり、

歳棚

正月に家に迎える神、歳神を祀るために屋内に臨時に設けられる神棚。歳神棚、歳徳棚、恵方棚などとも呼ばれる。

精霊棚

盂蘭盆、いわゆるお盆に迎える精霊は、祖霊、新仏、無縁仏または餓鬼仏(祀り手のいなくなった仏)の三者であり、これらを祀るために、精霊棚が設けられる。棚は土地によって異なるが、青竹が用いられ、上にマコモのむしろやござを敷くことが多い。右図は施餓鬼会の餓鬼棚(『大和耕作絵抄』より)。

花や供物を供えたものです。基本的には、祖霊や見えない世界と交流するための一つの手段でした。そのような基本的な役割を保ちつつ、宗教の分化とともにさまざまな型式が恣意的に定められていったわけです。

そういう事情を知らないと、型通りの仏壇でないと厄介なことが起きるとか思ってしまいます。でも本来の役割は、箱であれば充分なのです。

厨子《ずし》のデザイン

仏壇は仏閣、あるいは仏間のミニチュアです。逆に、仏塔や五重塔は、巨大な仏壇だと考えてもいいものです。あのなかには、掃除をする人以外は、住職も僧侶も入りません。表から拝みます。あの巨大な建築が、ミニチュア化されて仏壇になったわけです。

われわれがマンションライフを想定して、伝統的な家具や調度をデザインするときには、純和風のものをつくるということはほとんどありません。いってみれば「和洋の境をまぎらかす」ことをやっています。一見和風のものでも、必ず現代との整合性をもたせています。そういう面でも、仏壇や神棚をどうデザインするのかということは、非常に象徴的な

仏壇と神棚

仏壇も神棚もともに、その歴史はそれほど古いものではない。祖霊は盆と正月の年二回、イエを訪れ、盆棚や精霊棚に迎えられるが、仏壇はこうした祖霊を迎える祭壇が常設化したもの。神棚は、中世以降、伊勢信仰が各地に普及したのちに成立し、伊勢の大麻(たいま)や各社の神札を祀るようになったものだ。現在も神棚に伊勢の天照大神のほか、エビスと大黒の二神を祀る場合が多い。仏壇や神棚以外では、納戸神、竈神、荒神、井戸神、便所神などが比較的目立たない場所に祀られる。これらは、稲霊(いなだま)や出産と関係するなど、具体的な機能をもつ神々である。

テーマだと思います。

仏壇というより「厨子」という言葉を使った方が、抵抗がないのかもしれません。厨子に入れるものは、もちろんご本尊でもいいのですが、実は何でもかまいません。とくに厨子は、鎌倉時代の武家社会において、いつどこで自分が死ぬかわからないような日々の暮らしから生まれてきたものです。自分の本尊などを入れた厨子を携帯して、戦場へおもむくわけです。だから非常に軽いポータブルなものでした。

厨子に類するものは中国でもどこでも、非常にシンプルにつくられており、現代にも通じる形態をもっています。位牌の受容自体が鎌倉時代の後半にはじまったものです。位牌をそなえておき、そこに祖霊が降りてくるという構造がわかりやすかったのでしょう。だから位牌を置く場所は、とりわけいまの仏壇の形式ではなくても、厨子でも箱でも棚でも何でもいいはずです。

厨子は、もちろん祈りの対象ですが、ショーケースにもなります。現在、家具そのものが装飾化し、その形態がモダン化しています。若い女性が、真っ白な空間に置かれた厨子に自分の好きなものを入れていてもかまわないと思います。それぐらい軽く使ってもいいものなのです。

厨子
仏菩薩の像、または舎利を安置するための容器。形も大きさもさまざまであり、のちに本箱や置戸棚も厨子と呼ばれるようになった。写真は「聖徳太子坐像厨子」(鎌倉時代、東京国立博物館)。

繰り返しの力

日本人は、そもそも飾りを壁に固定するより、飾りを出したり入れたりして変化させるやり方をしてきました。だから、棚の飾り方は洗練されています。

飾りの発展ということでは、金閣寺のエピソードを思い出します。金閣寺は会所のようなもので、文化的にも日本と中国が同居する場所でした。金閣寺そのものが、和風建築の上に禅宗建築がのった構造です。そこで最初の会合が行われたとき、たくさんの唐物《からもの》が飾られました。棚ものはともかく、絵はみんな長押《なげし》のようなところからぶら下げたのですが、あまりにも不様だったようです。それが自覚され、会所が書院建築に発達していくなか、飾る場所としての床が誕生したわけです。

マンション生活においても、祈りや祀りの空間の必要性がますます高まっていくのではないでしょうか。

若い人たちにとっては、「日本」が新鮮に見えはじめています。日本の空間についての講演をしていると、意外に若い人たちが喜びます。しかも、まったく新しいものに出会ったと

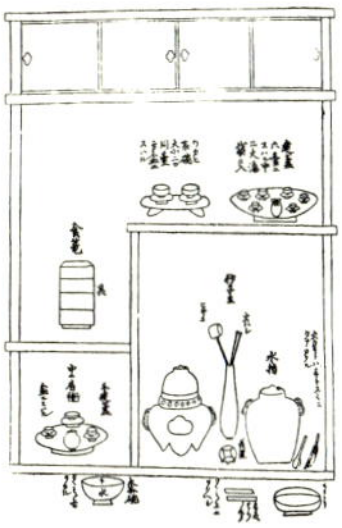

棚飾り
『君台観左右帳記』より一間の置棚の棚飾りの例。

いうような驚き方をします。「日本に住んでいてよかった」というような感想も多く、講演後に「勇気づけられた」という人もいるほどです。潜在的に日本文化に引け目を感じていたのでしょう。

マンションのインテリアをデザインするとき、意識的にやってきたことの一つに、棚をつくるということがあります。その根底には、儀礼的な空間をどこかで実現させたいという問題意識があります。

かつて、正月が近づくと母が棚に葉ボタンを飾り、それを見て、子ども心に正月が来るんだと思った経験があります。儀礼の力は、繰り返される力でもあります。繰り返されることで、われわれは「とき」の到来を感じるわけです。だから棚の飾りも何年間か続けるように心掛けると、子どもの体のなかに、たとえば正月が訪れるときの感覚が植え込まれていくはずです。そういうことこそが文化なのです。

クリスマスと大黒柱

現代は面倒を避けすぎています。面倒なことはまた、それをやると気持ちのいいことでも

クリスマス

冬至はその日を境に昼の長さが長くなるため、太陽の力が復活する日とされ、東西を問わず多くの地域で重要な祭礼の日とされてきた。クリスマスもまた、もともとは冬至の祭りである。とりわけ古代ローマで栄えたミトラス教では重要な祭日とされており、贈りものが交換され、にぎやかなパーティが催された。現代の日本人がよく、「クリスチャンでもないのにクリスマスを祝う」といわれるが、古代ローマでも「ミトラス教徒でもないのに」この祭りに参加するキリスト教徒が多かったようで、当時の教会が信者に対しこの異教の祭りに参加することを禁じた記録もある。四世紀の半ばころ、このミトラス教の冬至の祭りがキリスト教に吸収され、現在のクリスマスの原型となる。

あります。面倒を避けると、気持ちよさも少し失います。クリスマスには熱心ですが、日本ではクリスマスが商売と結びついていることがその大きな理由でしょう。それ自体は悪いことではありません。商売になるかならないかは、非常に重要な要素です。ところがそのような行事がはらんでいるメッセージの問題も含めて考えると、今後は西洋のものは、さほど商売にならなくなっていくだろうと思います。日本的なものはもちろんのこと、あるいはイスラムのものが商売になったりするかもしれません。

儀礼は、形だけが残っていても空疎であって、なぜ飾るのかという意味がわかっている必要があります。たとえば、日本建築ではまず中心に大黒柱を建てました。それが棟上げで、大黒柱の周囲に粥を撒きます。この粥は精子の象徴であって、豊饒をあらわし、家の繁栄を予祝するものです。粥を撒くだけでは何のことかわかりませんが、意味を知ると納得できます。そのような儀礼は、日常のなかにもたくさん残されているはずです。

俳句とお正月

ある時間帯、ある季節を一つのイメージが支配して、時期が終わるとそれがなくなるのは、

大黒柱
民家において平面の中央付近、とくに土間と表と勝手関係の境目にある太い柱。その名称は、大黒天を祀ったことに由来するともいう。民家の柱立ての儀式において祀られることが多く、祓い清められるので、「いみばしら（忌柱、斎柱）」とも呼ばれる。

日本の生活の魅力でもあります。現代では、一年中同じものを飾るという発想に傾いてしまいました。しかし日本の飾りは、つねに変化とともにあり、物理的に持続性をもたなくてもいいものでした。

一年もたせるとなれば、しっかりしたものを選ばなくてはなりませんが、一週間だけもてばいいのなら、もっと気軽にものを選ぶことも、つくることもできます。飾りは、まずその瞬間を美しく輝かせることを考えるといいと思います。一生美しくなくていいのです。もちろん丈夫なもの、長持ちするもの、あるいは美術品がいけないというわけではありませんが、ある瞬間花開いて、それが終わったら次のものがさっと出てくるというのが、日本の飾りの原則だと思います。

お正月や雛祭は、そういう試みのためのいい機会です。子どもがいる家では、そういった飾りが思い出や想像力を育みます。

子どもにとって家のなかで何を見て育ったかは、きわめて重要です。日本には節句というものがあるので、年間を通してプログラムをつくることができます。その際には、道具が必要ですが、それは見立てでもいいわけです。そうすることで、文化や季節とともに生活することができるはずです。

節句と節気

広義の節句は、神祀りをする日のことであり、正月や盆も節句に含まれ、地方によって稲刈りが終わる日を祝う「刈り上げ節句」など、さまざまな節句がある。一般になじみの深い五節句、すなわち正月七日の「人日(じんじつ)」、三月三日の「上巳(じょうし)」、五月五日の「端午」、七月七日の「七夕」、九月九日の「重陽」は、中国から伝えられて江戸時代に一般化したもの。また二十四節気は、一年を二十四の期間に分けたもので、大寒や立春、啓蟄、春分などは、現代でもよく用いられている。この二十四節気のそれぞれをさらに三つに分けたものに七十二候があるが、あまりに細かすぎることもあって庶民の間では使われることはなく、新暦七月はじめの半夏生(はんげしょう)だけが、現在も用いられている。

せっかく伝統的なテーマが豊富にあるのに、近代のデザインはそういうものをすべて排除したうえに成立してきました。テーマではなくて、個人的な感覚のようなものを優先させてきたのです。俳句に代表されるように、あるテーマに向けてイマジネーションを働かせる文化は、かなり高度なものです。日本のデザイナーのクオリティと創造性が、西洋のそれと大きく違うのは、無からとんでもないことを生み出すのではなく、あるテーマからどんどんジャンプして違うものにまで膨らませていくところにあります。

日常生活でも、正月前後の一週間は全員が日本人になります。テレビ番組をはじめ何もかもが日本です。

お盆もある程度定着しています。節分、雛祭、端午、七夕、重陽など素材にはことかきません。花見、月見、雪見もいいものです。最近は団子やススキをあまり飾らなくなりましたが、ひとくちに月見といっても、十三夜、十五夜、十六夜など、いろいろあるだけに、少しの工夫で、日本の生活はもっと豊かで繊細、そして色気のあるものになっていくはずです。

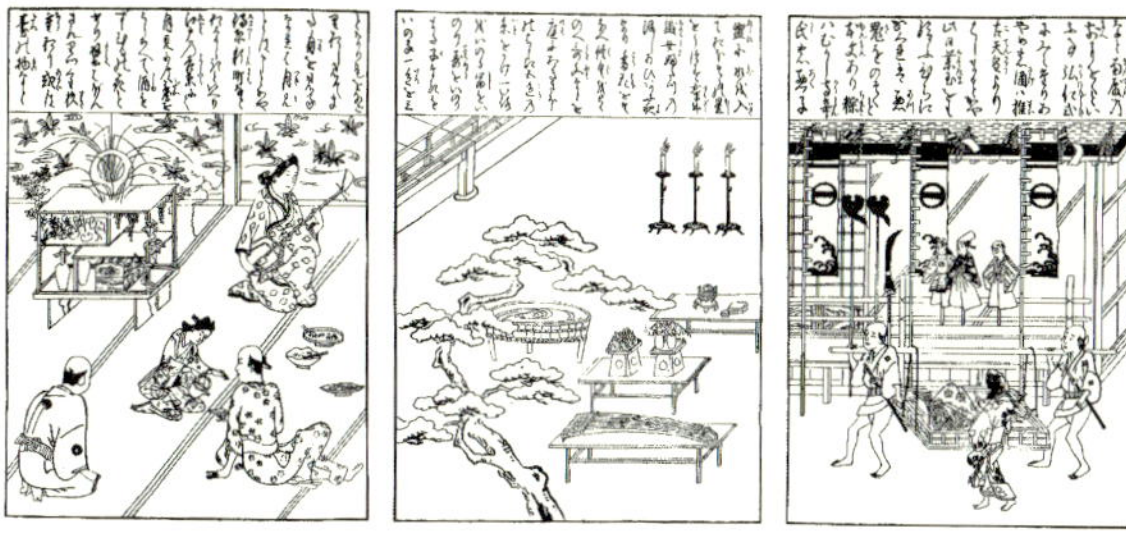

季節の飾り
『大和耕作絵抄』より、右から端午、七夕、月見。

婿の君、冠者《かざ》の君　何色の何擦《なにずり》か好うだう　着まほしき
菊塵《きくじん》、山吹、止擦《とめずり》に　花村濃《はなむらご》、御綱柏《みつながしわ》や
輪鼓《りゅうご》、輪違《わちがえ》、笹結び　纐纈《こうけつ》まえたりのほやの鹿子結い——

『梁塵秘抄』

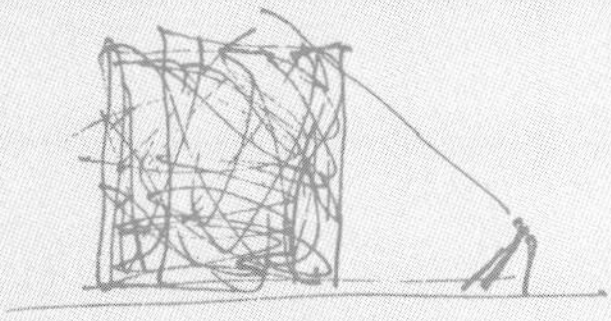

第9章

色——彩りの力

美しくない都市

よく現代日本の都市の景観は、美しくないといわれます。広告や看板などの色使いが街並を壊しているとも考えられますが、実は色というより、都市論の問題なのです。近代以降、日本は都市をつくってこなかったのです。都市は、管理され秩序化されなければならないという考え方が皆無でした。それは明治以降、現代に近づけば近づくほど強くなっていきます。しかし香港のようなところまで雑然としていると、かえって見事です。商空間がもつ、ときめきのようなものを、うまく発信しています。

ヨーロッパの街に感心するのは、制御や秩序づくりの綿密さです。もっとも江戸の街並や看板は、ヨーロッパ以上に美しいものでした。その背景には、「地」となる都市が固定化されていたことがあります。

西洋では、最初から数学的で秩序的な都市づくりがなされているとよくいわれます。東洋では、中国以外は数学的・幾何学的な都市構成をほとんどやっていません。あえていうなら位相幾何学的な街です。西洋では、グリッド状や放射状に秩序がつくられていますが、日本の場合、瞬間、瞬間でできています。ある瞬間に何が見えるかという、回遊式庭園のようなものです。そこを人が歩くとき、その場その場で何が見えるのかということで成立している街です。全体を秩序だてないで、回遊していく人間の動線と、その視線によって、都市の景観が展開されていくわけです。そういう位相幾何学的な都市づくりは、東洋の特徴かもしれません。だから条坊制でつくられたはずの京都も、早い時期からグリッドや対称性は崩れています。

本当は、東洋と西洋のやり方が融合するといちばんいいのかもしれません。あまりに幾何学的につくられると閉塞感があるし、秩序がないと混乱します。

もちろん東洋にもまったく秩序がないわけではありません。自然の秩序がベースにあるので、長い時間経過によって完成するものです。まったくでたらめではなく、自然の植生などを念頭において、家を建てたり、道をつくったりしています。最初は混沌としていても、何百年もたつとある秩序が見えてきます。

おそらくいい都市とは、色彩や形の問題以上に、「地」と「図」の関係がうまくいっている都市ではないでしょうか。「地」が確かだからこそ、色や形という「図」が美しく見えてくるのです。

京都と江戸

平城京（奈良）や平安京（京都）、あるいは鎌倉は、条坊制にもとづく都市づくりがなされ、土地も中国の陰陽五行思想によって選ばれたが、まもなく為政者の意図とは離れ、条坊制は崩れていく。一方、江戸は江戸城を中心にした渦巻き状の都市計画によってスタートしたが、火災などのたびに改変が加えられ、もとの構造は残しつつも、当初の姿とは大きく異なっている。明治以降も新たな都市計画がたびたび提案されたが、ついに実現されることはなかった。

色の日本史

日本の色彩感覚の歴史は、大きく三つに分かれるといわれます。飛鳥奈良時代の色彩感と、平安以降中世までの色彩感、そして江戸の色彩感というとらえ方ができます。色の時代感覚は、文化の中心にいる人によってずいぶん変わります。飛鳥奈良は、為政者たちの感覚で、中国や西域の新しい文化に目を見張っている時代のものです。一方、江戸文化の中心は庶民です。

初期のころは、はっきりとした純色を中心にしていましたが、平安時代になると中間色に移ります。江戸時代は、破調色という、破れかぶれに近い感覚でありながら、きわめて洗練されていた不思議な時代です。

純色好みは、やはり大陸の影響です。音楽も当時の雅楽は、シルクロードのサウンドです。よく天平の赤という言い方をしますが、まさに赤を中心に天平文化がつくられていきました。赤は根源的には太陽の色で、あらゆる地域においていちばん土着性をもった色です。

平安時代のような安定した社会では、中間色が多くなります。とくに特定の色を強調しない「かさね」の手法はきわめて日本的な特性の一つです。絵巻などに、そのような色彩感覚

かさね
平安時代、衣の二色以上の重ねの配合は、「襲色目(かさねのいろめ)」と呼ばれたが、これには二つの意味がある。一つは、衣の表と裏の配色によるもの、もう一つは、衣の重なりの配色のことである。

があらわれています。

江戸時代は、禁制色、つまり使用を禁じられた色があったため、茶色や鼠色のような色彩が、デリケートに使われるようになります。そういうなかから江戸人は、粋とか洒落などの感覚を育みました。それまでめったに使われなかった色から、粋をつくりあげるわけです。そして、何百色もの色の名前を生み出しました。茶でもいろいろな茶があり、たとえば日常使う色数だけで二百色以上になります。見事なものです。こういう微細な感覚を享受するのは、日本の文化の大きな特性でしょう。

色の多彩さには日本の座る文化がおおいに影響しているはずです。静かに座り、自然と同化しようとする文化です。多彩な色を生み、しかもそれに名前をつけ、巧みに利用していました。これは日本の自然風土がかなり影響しています。自然に影響されたというより、それを読みとる能力に長けているのかもしれません。

建築の赤

日本では建築にあまり色をつけません。日本の文化には二つの流れ、つまり「変化」を重

赤

日本の赤の代表は、硫化水銀である辰砂による染料「朱」である。その産地は伊勢、常陸、備前、日向などだが、その多くが日本古来の聖地となっている。中国の煉丹術では、その毒性にもかかわらず水銀化合物が不老不死の薬とされていたが、これは水銀の防腐効果により、服用者の屍体が生前の姿をとどめることによる。日本のミイラ信仰との関係も指摘されており、この水銀化合物の神秘性が、寺社建築のカラーコーディネートに大きな影響を与えたとする説もある。さらに鮮やかな赤、猩々緋(しょうじょうひ)の赤は、戦国大名の陣羽織などに好んで用いられたが、その染料は中央アメリカから渡来したもの。サボテンに寄生するエンジムシの赤い体液からつくられていた。

視する流れと「永遠」を象徴する流れがあります。変化を重視する場合、空間そのものにほとんど色をつけません。色だけではなく、空間そのものの要素をできるだけ少なくしていきます。

一方、神社や寺院のような空間では、永遠の象徴として赤が使われたりします。洛中洛外図などを見ると、普通の建物のなかにあって、赤い神社や寺院が一目でわかります。

変化を重視するとき、色は空間にもち込まれる道具によってもたらされます。だから道具は多彩であり、あらゆる色や素材が使われました。それは瞬時のものであり、固定させないので、大胆な色を使うこともできたのでしょう。「地」となる空間がニュートラルなら、華やかな色などで、瞬間を際立たせることができるわけです。

日本の空間の固定化は、寺社建築の発展によってはじまります。とりわけ鎌倉時代に導入された禅宗文化によってその傾向が著しくなりました。同時に、中国の影響でインテリアが固定化します。仏の思想、禅の思想、あるいは何らかの理想を絵にして伝達することは、洋の東西を問わず、つねに行われてきました。西洋では教会そのものがそうです。ヨーロッパでは、庶民の家にも壁画は少なくありません。とくに中世まではかなり多かったようです。宗教と生活が一体化していたためなのでしょう。日本では、それが寺院の障壁画や

右:伏見稲荷の朱の鳥居。鳥居は、聖域のランドマークでもある。
左頁:住吉具慶「洛中洛外図巻」(東京国立博物館)より。屋内では縁側に緋毛氈を敷いて晴れやかな花見の席を演出している。道行く女性の装束には細やかなデザインがほどこされ、男たちの一見地味な衣装も微妙な色使いの変化によって、個性が表現されている。

障屏画になっていきました。

侘びる色、錆びる色

できた当時は派手な色彩で飾られていた神社仏閣も、ときがたつとくすんできます。仏像も塗料が剥落したり退色したりします。ある時代から、そこに美を見いだすようになりました。おそらく平安が終わりを告げたころから出てくる感覚だと思います。「隠遁」という生き方が注目されてくるあたりから、建築も随分やり方を変えています。

つくられたものは、いつかは朽ち果てます。そして、永遠とは変化の裡にこそあるのだと思いはじめたのではないでしょうか。

そんななかから色彩的にも「やつし」や「すさび」の感覚が生まれます。その一つの集大成が茶の湯です。茶も、絢爛豪華な室町の茶を経て、どれほど侘びさせられるかということがテーマになっていきました。侘びの歴史は、空間のつくり方を変えることからはじまったわけです。

歴代の室町将軍でいちばん侘びていたとされる足利義政《あしかがよしまさ》は、銀閣寺東求堂の同仁斉《どうにんさい》という

足利義政（1436–1490）
足利八代将軍だったが、一四七三年に引退。東山山麓に慈照寺（銀閣など）を建立、能阿弥、芸阿弥を同朋とし、茶道、香道、華道の風流三昧の生活を送った。

同仁斉
銀閣寺内東求堂のなかの一室。四畳半に付書院と違棚を並べてつけたもので北向書院といわれ、足利義政の書斎だった。堂内には持仏堂があって、その隣室に書斎を配置したことは、やがて住居に付属した茶室が登場する発端であるとも考えられている。

茶室、あるいは書院造の原型ともいえるような建物をつくりました。それでもまだ床には、水墨画が描かれています。村田珠光が、それを白の鳥の子にかえます。武野紹鷗《たけのじょうおう》の時代になると、その鳥の子さえやめ、荒壁、土壁にかえてしまいました。そして利休の時代には、六尺あった床が四尺から四尺五寸にまでコンパクトになりました。

隠者の庵が、茶人たちの大テーマでした。それを都市のなかで実現しようとしたものが、市中の山居です。当然のように派手な色彩はすべて消えていきます。道具の選択基準もどんどん変わります。それまでは、茶碗でも唐物を中心に色絵に近いものや天目のような器が好まれていましたが、珠光以降は、和物や高麗物にどんどんシフトして、色も消えていきます。

その延長線上で、古田織部が色を復興させましたが、それでも織部焼や黄瀬戸のようなもので、決して派手であるわけではありません。

以降は、小堀遠州たちが茶の湯の空間にも少しずつ障壁画などを使うようになり、空間が少し華やか、艶やかになっていきます。しかし江戸時代においては、侘びややつし、あるいは寂びという感覚の流れは、むしろ庶民のなかに根付いて、粋の感覚を生み出していったのです。

武野紹鷗(1502–1555)
堺の皮屋商人の家に生まれる。村田珠光の茶の湯を徹底して深化し、侘び茶の根本を説いた戦国時代の茶人。茶の湯は宗悟・宗陳らに学んだが、これは村田珠光系の藤田宗理につらなる能阿弥以来伝統の書院茶の湯の系統。実隆の『詠歌大概』の序の講釈によって茶の湯の極意を得、紹鷗と号し、のち堺の大林宗套から一閑居士号を受ける。津田宗久・今井宗久は高弟にあたる。三畳・二畳半小座敷の創作は紹鷗の茶を象徴する。香道でも一家をなした。図は『山上宗二伝書』の「紹鷗四畳半図」。

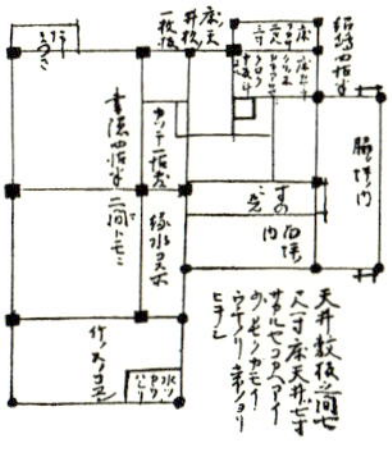

建築はそのような流れで推移しますが、道具そのものはあくまで自在で、琳派のようなものも好まれました。ただし調度や什器の色も漆の朱や黒が基調です。陶器も色絵はつくられてはいますが、やはり全面に色を使うケースは日本では少なく、ことに強い色でおおいつくすことは、まずありません。近代以前は、あくまで自然の色を生かしていました。

風土と色彩

天平以降、純色が次第に使われなくなっていったのは、やはり日本の風土の影響が大きかったのでしょう。ヨーロッパ、とくに地中海地方のように強い太陽光が射すと、木陰は暗く、日向はすごく明るいという具合に空間が二つに分かれます。日本では、どこまでが光でどこまでが影かわかりません。それこそ「陰翳礼讃」の世界です。そのように色彩感覚には気候も大きく影響しているはずです。天平のシルクロード感覚も、日本で大いに開花はしましたが、国風化、日本化の流れにおいては、気候がかなり重要なファクターになって変質していったのでしょう。

市中の山居
戦国時代の町家の様式の形成過程において、路地(ろうじ)や図子・辻子(ずし)といった小路が発達し、細長い敷地の奥の方まで利用されるようになる。その利用方法の一つとして、町衆たちは、市中の山居と呼ばれる草庵風茶室をつくるようになった。日常生活のなかに出家者が暮らすような隠遁生活の場をつくることにより、その対比を楽しみ、また世俗から離れ、精神的な環境を整えることによって、数寄をきわめる場としたわけである。

上：天平の色彩感覚を伝える知恩院の五色の幔幕。
下：藍染めの暖簾。生地と藍とのコントラストと大胆な意匠は、現代的な趣きさえ感じさせつつも、素朴な色の建物とも違和感なく調和している。
左：浮世絵に表現された、粋のシンボルカラー、藍と茶。

藍、茶、鼠

江戸は、侘びの世界と日常をうまく繋いで、多様な色を生み出した時代でもあります。大胆なパターンもたくさん使うようにもなりました。とくに藍を上手に使っています。

藍は、世界中どこにでもある、いちばん古くから使われている染料の一つですが、その色そのものはそれほど強調されることがありません。あくまでも庶民の色です。上層階級では光る素材の絹を使うため、藍の色は薄められてしまい、特別目立つということはありません。木綿に使うようになってこそ、藍の深さに気がつくというものです。庶民文化がクローズアップされた江戸時代に、藍の色にもスポットライトがあたったわけです。

藍も茶も鼠も、本来的には地の色です。地の色を図に展開しようというのが、江戸の小粋さだったのだと思います。

平安時代から「かさね」の文化がありました。微妙な色を重ねることで深さを演出するものです。そのやり方は二通りあります。一つはできあがった色そのものを重ねていくやり方、もう一つは色を重ねて染織していくやり方です。江戸の鼠も茶も、ただ一色で染めているわけではなく、下地の色に別の色をのせています。黒も同様です。祝い事の黒地は、赤の下地に黒をのせ、反対の儀礼では、紺の下地に黒をのせたものを使います。同じ黒でも、まったく表情が異なります。素材を重ねたり出来上がったものを重ねたりする、きわめて高尚な文化だといえるでしょう。

江戸期には、ファッションでは着物と帯と半襟と帯締めというように、庶民がいくつかの要素を組み合わせて楽しむようになりました。半襟にわずかにグリーンを入れ、地の鼠を浮かび上がらせるようなことをします。色の使い方にも徹底的に趣向をこらしていました。

かつて西洋の人は、日本人の色の使い方が理解できないといっていました。わからない、というより気持ち悪いと思っていたようです。ところが最近、西洋の人たちが、日本の色を理解するようになっています。文化的な馴れなのかもしれませんが、あるいは世界的に感覚が融合しはじめているのかもしれません。もしそうならば、日本的な色使いは、これからさらにクローズアップされるはずです。

空間を彩る

マンションでも、素材を大切にするようになり、化学的な色をあまり使わなくなっていま

江戸の色

江戸は多くの色の名前を生み出した。とりわけ特徴的なのが、いわゆる役者色である。歌舞伎役者が好んだ色や舞台衣装の色を、庶民が積極的に生活のなかに取り入れたもので、五代目岩井半四郎が好んだ「岩井茶」、五代目市川団十郎の家芸の色じるしにちなむ「枡花(ますはな)色」などがある。また色名の多くは、一般的に植物をはじめとした自然物によってあらわされるが、日本人はまた、人工物まで色の名前として使いこなしてきた。たとえば江戸時代に大流行した納戸色は、納戸のなかのほの暗いイメージによるものとされ、緑がかった鈍い青の呼び名となった。藍染めの瓶覗(かめのぞき＝薄い緑がかった空色)は、藍瓶をちょっと覗いた程度の染め具合であるとともに、瓶を覗いたときに見える色であるともいわれる。

す。結局はそれが心地よいのでしょうし、素材の色は時間とともに味が出てきます。なじむ色に対する関心が高くなったともいえます。天平から江戸へ向かった流れが、また起きているのかもしれません。

白い壁紙でも、ケミカルな白と素材の白がありますが、素材の白はすい込むような白です。そんな白の豊かさをいくら化学的に再現しようとしても、やはり無理です。そのあたりのことに、みんな気がつきはじめているので、最近は素材へのこだわりが強くなっているのでしょう。もともと日本の空間の歴史は、素材と色彩とをうまく融合させてきた歴史です。素材の使い方も、巧みになってきました。あとはセンス、あるいはバランスの問題です。たとえば、どれぐらいの木地の面積に対して、どのくらいの白を配置するかというようなことです。また、そこに色を一つ入れることで、いかに空間を華やかに、あるいは豊かにするかというようなことです。

固定したものには強い色はつけないことが要点かもしれません。また江戸の庶民の色の好みは、現代にも応用できます。それを家具などの部分に使ってみるといいでしょう。そうすると、絵を飾ってもきれいに見えるし、絵をとり替えてもなじみやすくなります。道具で色をつくり、空間で地をつくるというわけです。

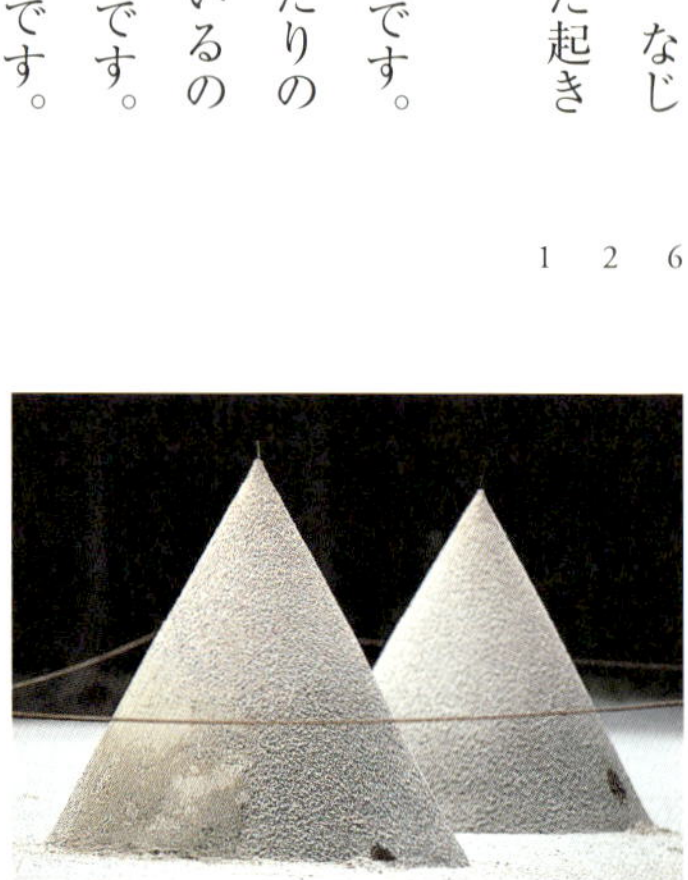

京都上賀茂神社の立砂
雷神を祀る神社の白い「依代」。

黒漆

黒は、闇、夜、さらには死を暗示する色のない色である。しかし、日本ではハレの場や饗応の場において、盛んに黒が用いられてきた。その代表が黒漆器である。現代の人工照明のもとでは黒い「照り」としか映らない黒漆器の色は、「火」の光の空間では、オレンジ色が加味されることによって、金色に輝いていた。多くの手箱や文箱、食器が黒漆で加工されたのは、薄暗い室内空間で使用されることを前提としていたためでもある。そこに金箔や象嵌細工が施されるのも、黒との対比だけではなく、灯火を受けたときの黒漆との輝きの差異を楽しむためのものだったのかもしれない。写真は、黒漆により夜の光が表現された「月忍蒔絵小重箱」(東京国立博物館)。

私自身は、動く物は純色が好きです。かなり艶やかにします。基本はできるだけ透明感のあるもの、軽やかなものを目指しているので、「地」となる空間は、ニュートラルなものにしています。

勇気がいるでしょうが、純色を「地」にすることもないわけではありません。ただし、印刷色や家具そのものに使われている色よりも、やや調子を落としめにします。友人の家を設計したとき、淡いグリーンと、赤、茶、ブルー系を使って、空間に大胆に色をつけたことがあります。ところが、そこを訪れた人に、後で色について聞くと、色についての記憶がないのです。体は知っていても、意識として気がついていないということもありえます。色には、そういう働きもあります。

近代の白

日本建築は自然の色を使っていますが、自然色も、黄色から、茶、グリーン系までさまざまであって、それはどれもなじむ色調です。聚落壁にも、かなりたくさんの色があります。そういう色を和室に使っても、誰も不思議には思いません。

白

「しろ」は「知る」や「しるし」などと同じ語源をもつ。「しろ」はまた「依代」や「形代（かたしろ）」の「代」でもあり、神や魂が寄りつき、宿る場所やものをあらわす。神社建築の基本が白木造であり、白い幣が供えられるように、白には神の来迎が期待されていた。産衣や花嫁衣装の白も、何かが宿ることが前提とされている。屍衣が白であることも、魂の去来を暗示している。これらの白は「ホワイト」ではなく、「素（しろ）」、すなわち「生成り」が本意である。建築や調度も例外ではない。「生成り」を基調とし、やがてそこに油煙や煤、時や風雪などによる変色、変形が加わることが、重視されるようになり、「侘び」や「寂び」などの美意識を胚胎してゆく。「侘び」も「寂び」も、何ものかが宿った後の「しろ」をあらわしていたのである。

韓国や中国にも、スペインやイタリアにも、街のなかにはさまざまな色があります。黄色の壁の建物の向かいに茶色の建物があり、角にはグリーンのものがあったりします。それでいて街全体は穏やかな印象を与えています。そういう色は、自然をもとにした色です。本来、真っ白のほうが不自然なのです。

近代には、純白が大きなテーマになり、マンションでも純白の空間が少なくありませんが、本来はもう少し色があったほうが人は落ち着くものです。真っ白な建物では病院のようになってしまいます。もっとも、最近では病院も純白の空間は避けるようになりました。

岡山県の備中高梁の近くに紅柄の町、成羽町があります。漆喰のなかに紅柄を入れて街並をつくっており、町中が淡い紅柄色で、曇っていても明るい印象を残す、なかなか色気のある街並です。

色は匂へど

日本の色の名前もいいものです。物語があります。これくらい微細に名前がついていると、指図もしやすくなります。見本がなくても、言葉で色を伝えることができます。

紅柄
「弁柄（紅柄）」は「代赭（たいしゃ）」とも呼ばれ酸化鉄を原料とし、朱とともに古代より使用されてきたが、「べんがら」の名はその良質な産地であるインドのベンガルにちなみ後代につけられたものである。

色は非常に感覚的なものなので、科学的に色を定義してもあまり意味はないかもしれません。同じ顔料を使っても、何に色をつけるかで発色も違うし、どんな光のもとでそれを見るかでも変わります。同じ赤でも、光を照り返す赤と、吸い込む赤があります。それらはまったく異なるので、注意が必要です。

明かりによって変化するのも、色の玄妙なところです。明かりの質や位置により、色の表情は変わります。色彩と明かりとの関係をどうつくるかということは、かなりの難題です。実際は、色を決めておいて、色彩に応じて明かりを工夫するしかないのかもしれません。人間の感受性は、あらかじめ予測できるものではありません。だからどこかで、なりゆきにまかせるところや、変更可能なところを用意しておいたほうがいいと思います。焼きものをつくるとき、最後は火にまかせるしかありません。上薬がどう流れるか予測はできないということがあるように、空間にもそのような余地を残したほうがいいと思います。

色は、なかなか怪しげな世界です。微妙でとらえどころがありません。結局、どんな理念で色を扱っているのかと尋ねられても、「無い」というしかありません。結果を見て第三者がいろいろいうことはできますが、経験と、そのときの文化の流れを見て、瞬間的に決めていくものです。

身チ使フ中ニモ、心根アルベシ。
身チ強ク動カストキハ、足踏チ盗ムベシ。
足チ強ク踏ムトキハ、身チバ静カニ持ツベシ。
●世阿弥元清——『風姿花伝』

第10章

心

●住まいの将来

文化の根源へ

イタリアの建築家でありデザイナーであり、哲学といってもいい考え方を展開しているアンドレア・ブランジが、日本がもっていたビジョンは、二十一世紀の世界のビジョンになるのではないかということをいっていました。彼はもちろん現在の東京に代表される日本についていっているのでも、伝統的なものの表層のデザインについて語っているわけでもありません。その背後、その根底にある、日本人が考えてきた自然と社会とのかかわり方を重視しているのです。だから文句なしに伝統的なものが美しいといってしまうと、ちょっと違います。

どんな時代でも、テクノロジーや政治の変化にともなって、表層的な文化は変わってきました。これからもどんどん社会は変わっていくでしょうが、だからといって人間がまるで違う人間になっていくわけではありません。たとえば平安時代の恋と現代の恋とが、大きく異なるわけではありません。つまり、文化の根源にあるものを探っていく時代がきているのではないかということなのです。

欲望の道具

二十世紀は、テクノロジーを通して暮らしを豊かにしました。利便性、別の言い方をすれば人間の身体の安楽性をつくってきたわけです。重いものを人間の力を使わずに運ぶことができたり、遠くまであっという間に移動できたり、肉体だけでは無理なことを、テクノロジーによって実現してきました。それは、人間の限りない欲望の実現でもありました。現在、そのような欲望の道具に対して、利便性だけではなく精神性を見つけることができるだろうか、ということが問われているのではないでしょうか。

二十世紀は心を喪失した時代です。いいかえると、見えないものを見る力が失われてしまったのです。見えないことを見る喜びは、知的で深い喜びでした。それは他者の裡にある見えないことを見て、それを共有し合う面白さだったのだと思います。あまりにも具体的になりすぎているこの社会が、あらためて見えないものが秘めている価値に気づきはじめているのかもしれません。

また、二十世紀の西洋文明は、何もかもを固定化しようとしてきました。固定化されたものが「確か」なものであり、社会、建築など、あらゆるものがその「確かさ」を目指していま

アンドレア・ブランジ（Andrea Branzi 1938-）
建築家・デザイナー。フィレンツェで建築学を修めた後、一九六四年から七四年までアルキズーム・アソシアーティのメンバー。以後、ミラノに移り、カステッリ、ソットサス、メンディーニなどとともに活動をし、七五年にはローマのレオナルド・ダ・ヴィンチ空港のイメージプロジェクトを手掛けた。七九年にはカステッリ、モロッィとともにデザインリサーチに、また八九年には彼自身の理論およびデザインの功績に、さらに九五年にはドムスアカデミーにおける仕事にむけて、ゴールデン・コンパス賞受賞。八三年から八七年まで『モード』誌編集長を務め、八三年にはドムスアカデミーの設立に携わり、初代学長を務めた。

した。ところが、人間の心は自由に変化するものです。周囲が変化しないとなると、心があちこちにぶつかります。

茶の湯の根本テーマは変化でした。そのような暮らし方を、もう一度獲得できるかどうかは、自然と人間というテーマとも深くかかわっています。自然は変化するものだという認識が、日本文化の根底にありますが、近代は自然の変化を停止させてしまいました。寒いときにも春のような暮らしができ、猛暑でも涼しい部屋ですごせます。そういう生活を求めているうちに、暮らしそのものが固定してしまったわけです。

壊れやすさの美

日本文化の特質の一つに微細性があります。たとえば一枚の葉をじっと観察していると、その葉脈の変化が、様々なことを感じさせてくれます。そういう細部のもっている強さや事実、そして変化を、これまで日本人はずっと見続けてきたのでしょう。そして微細なものに「美」を託してきたわけです。

二十世紀に対する反省として、確固たるもの、壊れないものはいらないとする考え方が出てくるかもしれません。ものはいつかは壊れるということを想定したものづくりが、必要になるでしょう。

裏千家に今日庵《こんにちあん》という二畳の茶室がありますが、格闘家が二人くらいで突きを入れたら、すぐ壊れるようなものです。ところが、その茶室は四百年も存在してきました。壊せなかったということです。ある使い方がなされれば、脆いものでも四百年も使い続けられるのです。

テクノロジーは人間の身体そのものがもっている技術を奪ってきましたが、それはあまりにも人間の力をなめていることだと思います。人間はもっと可能性をもっています。最初は使いにくかったものも、次第に使いやすくなって、さらには使えることを喜びと感じるようになります。そうしたときに、ものへの愛着も生まれます。使いにくいものは不要だという考え方では、人はものとかかわりきれないでしょう。

たとえば、誰でも最初から自転車には乗れるわけではありません。はじめて乗れたときは嬉しいものです。そういうことをもっと思い出して欲しいと思います。訓練することで、ものと自分との距離や関係がわかってくるはずです。

今日庵
京都裏千家邸内にある裏千家を代表する茶室。千宗旦が隠居所として一六四七年に建てたが、のちに焼失したものを復興して、現在の姿となった。席は小間としては最小の一畳台目向板に道庫をつけ、北側の壁面に釘を打って下座床とし、点前座の向板の脇に袖壁をつけたものである。

「ただいま」を生きる

「いま」というのは難しいテーマです。よく茶の湯では、ただいまこの瞬間を大切にしろといいます。

中国の仙人に、還童行《かんどうぎょう》、つまり子どもに戻る修行があるそうです。五歳の子どもに戻る修行です。五歳の子どもは、おそらく未来も過去も考えず、いまに夢中になって遊んでいます。時を生きるということは、そういうことです。ところが大人は、過去と未来をつなげてしまいます。以前はこうだったから今日はこうするとか、いまやっておくことが未来につながるからこうすべきだと考えます。いつでも過去と未来を行ったり来たりしています。しかし、本当に深く生きるためには、いまに夢中になるべきだとする思想があります。その代表が還童行であり、日本の思想「而今《にこん》」「中今《なかいま》」にも見ることができます。現在ただいまを重ねることによって、すべてができあがってくる、過去と未来とをつなげないという考え方が日本には強いと思います。

いまの瞬間に夢中になれる、そんな生き方を想定することで、デザインにも新たな可能性が生まれるはずです。

而今

「而今」とは、一般にはこの瞬間を生きるという意味。以下、「而今」の語が頻出する『正法眼藏』より……「而今の大悟は、自己にあらず他己にあらず、ききたるにあらざれども塡溝塞壑なり。さるにあらざれども切忌隨他覓(切に忌む、他に隨って覓むることを)なり。なにとしてか恁麼なる。いはゆる隨他去なり」。

中今

「中今」は、過去と未来に至る間としての現在のこと。『続日本紀』には「高天原に天降り坐し天皇 が御世を始めて中今に至るまでに、天皇が御世御世天日嗣高御座に坐して 治め賜ひ恵び賜ひ来る食国天下の業となも神奈我良も念ほしめさくと宣り たまふ大命を衆聞食へよと宣りたまふ」とある。

数年前、ボローニャで「未来を構想する家」というプロジェクトがありました。私は日本の住文化における変幻自在性を訴えようと思い、日本の家がどのように変化してきたのかについて、簡単な文章と映像で表現しました。

また日本の家が、きわめて自在であり、物理的というより認識的なものだということを前提にして、ひとつのモデルを提案しました。それが「ロータスハウス」です。カーブのある五つの壁面が動き、開いたり閉じたりする空間です。ただし私にとってはそれもまだ限定された変化です。本来なら変化《へんか》ではなく、変化《へんげ》を実現させたいのです。ヘンカとヘンゲは違います。ヘンカは物理的のうちにある言葉ですが、ヘンゲは、事態がある瞬間にまったく逆転してしまうようなことをあらわします。

精神の機能性

近代は、機能性という言葉を生みました。デザインの要素を分解していくなかで、機能という言葉が強調されたわけです。ものを見る目が失われても、これは使いにくい、座りにくいといったように、機能性についてだけは判断できます。ところが、ものに機能がある

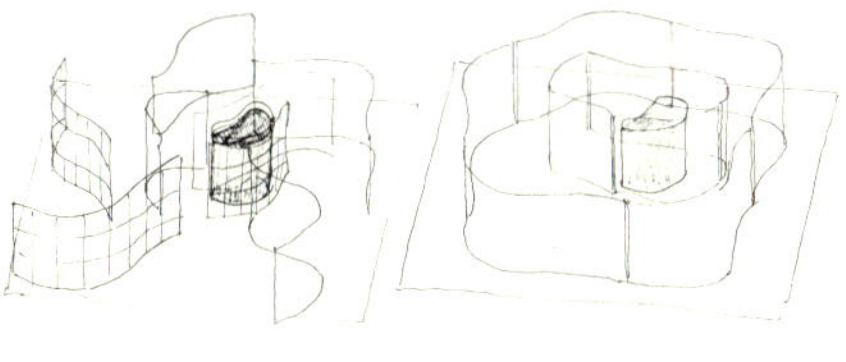

ロータスハウス
花びら型の壁面によって構成される「ロータスハウス（HOUSE OF LOTUS）」のスケッチ。壁面の移動によって、空間が多彩にその表情を変える。

のは当然です。用途性ということでは、光琳の「杜若《かきつばた》図屏風」も、日本では道具です。春の座敷を飾るための重要な道具でした。

芸術とデザインを分類するときに、デザインには機能が不可欠で、芸術には機能はいらない、といわれます。しかし芸術に機能がまったくないわけではありません。日本的な考え方では、「杜若図屏風」も生活に役に立ちます。だから機能という考え方も、精神にまで及んだ瞬間から、より豊かなものになるはずです。

「数寄」の復権

日本の暮らしぶりには、ある特殊性があります。そこでは、「数寄」がキーワードになります。「数寄」は「隙」であり、「好き」ということでもあります。現代において「好き」あるいは「好み」という感覚は、あまり重視されなくなってしまいました。

しかし、ものについて考えるとき、それが機能的であるかないかというより、愛せるか愛せないかということの方が重要です。粋や野暮という言葉にも、奥深いメッセージが含まれています。現代は、デザインを評価する言語が、貧困になってしまいましたが、江戸の

数寄

数寄屋が茶室、数寄者が茶人をあらわすように、数寄は茶の湯の重要なキーワードでもある。「好き」も「隙」も「透き」も語源は同じだとされているが、湿度の高い日本の風土に対応した「隙間」の多い生活空間ならではの言葉かもしれない。数寄には「美しい」や「不思議」というニュアンスもあり、「数奇」と書いて「すうき」とも読む。平安時代の「スキ」のイメージは、御簾などを「透かして」ながめる風景や人物の様子であり、直接見えないため、それだけにかえって想像力を刺激して、想いがつのり、そのつのった想いが「好き」となる。茶の湯の「利休好み」や「遠州好み」は、千利休や小堀遠州が、古今の名品を見つくしてたどりついた境地であり、最終的には、自分の「好き」で決めた世界でもある。

ころは、もっとたくさんの視点から、ものの善し悪しを決めていました。その善し悪しは、社会的な問題ではなくて、人の心の問題でした。ところが人の心が痩せてきたため、善し悪しの判断ができなくなってしまったのです。その背景には、本来の意味での生活文化を喪失したという状況があるのかもしれません。

誰もが自分の好みについて自信がもてなくなっているようです。建築でもデザインでも同じです。つまり、このように暮らしたい、このように人生を送りたい、というビジョンが体のなかにないと、どんな器が欲しいのか、と問われても、途方に暮れるばかりです。どんな家に住もうと批判される理由など、まったくありません。整然としている家もあれば、雑然としている家もあります。その人が快適ならばそれでいいのです。「こうじゃなきゃいけない」、ということを思うのはやめた方がいいでしょう。そういう気兼ねは、近代の特徴でもあります。

親が自分の好きなものを手に入れたら、子どもに自慢すべきです。そして、お父さんがこうして手に入れたものだから触ってはいけないというように、その大切さをきちんと伝えるべきです。ものにもヒエラルキーが必要です。

ものは複雑です。暮らしに必要ないからと、しまっておいて、なかなか捨てられないもの

明恵の数寄

栄西が抹茶法とともに中国から将来した茶種の栽培を奨励したことでも知られる明恵上人(1173-1232)は、「数寄」という言葉を次のように使っている。

……心の数寄たる人の中に、目出度き仏法者は、昔も今もいできたるなり、頌詩を作り、歌・連歌にたずさわる事は、あながち仏法にてはなけれども、かようの事にも心数寄たる人が、やがて仏法にもすきて、智恵もあり、やさしき心使ひもけだかきなり。心の俗になりぬるほどの者は、稽古の力を積めばさすがなる様なれども、いかにも利かんがえがましき有所得にかかりて、つたなき風情を帯するなり。おさなくよりやさしく数寄て、まことしき心立したらん者に、仏法をも教え立て見るべきなり。

があります。そういうことを自覚した方がいいでしょう。

その人がものを愛してさえいれば、たとえ小さな部屋にマッキントッシュの椅子があってもいいと思います。本来マッキントッシュは、ある程度の広さのある空間に置かれるのが理想です。しかしそれが好きなら、小さな書斎を占領していても、いかにその人間がそれを愛しているかということが伝わるものです。人間とものとのかかわりは、心の問題でもあるので、こういう空間には、こういうデザインのものがふさわしいということは、一概にはいえません。

空間の数寄、時間の数寄

ワルター・グロピウスが、テルテン・ジードルンクといった住宅群を手がけているときに、あるプランをつくりました。人間の身体や物理的な能力は、ある程度は普遍だということを前提にしたものです。いちいち形が変わっているのは、不合理だとしたわけです。彼は人間が精神的な動物であるということを無視したことになります。それは、近代の効率優先のものの考え方を象徴するものでした。生産性を考えれば、同じ家が並んでいた方が、

マッキントッシュ（Charles Rennie Mackintosh 1868–1928）スコットランド、グラスゴー出身。設計事務所で働きながら、グラスゴー美術学校の夜間でデザインとアートを学ぶ。自然と造形の調和を求めた建築とアール・ヌーボーの影響を受けた独創的なスタイルで、現在のグラスゴー美術学校を設計。ジャポニズムとケルト美術の影響を受けた作品も残す。代表作にグラスゴー近郊の住宅「ヒルハウス」の設計やその寝室のためのハイバックチェア「ヒルハウス」がある。

コストも下がるし、誰がつくっても整然としてきれいに見えます。ところがそうはいかないということに、そろそろ皆が気づきはじめたのではないでしょうか。「数寄」すなわち「隙」のテーマにも通じるところです。隙は空間的な意味だけではなく、時間的・心理的な意味をも内包します。隙を詰めすぎると、空間も時間も耐えられないものになります。

建築用材のなかには、時間の経過に耐えられる素材と耐えられない素材があります。白壁でも、漆喰のような白なら、いつの間にか、気がつかない状態で汚れていきます。汚れに気がついても、それは嫌らしくない汚れ方をします。ところがプラスチック系のものは、嫌らしい汚れ方をします。変化させないようにつくったものほど、変化したときに汚くなるようです。だから、それがつくられた途端、汚してはいけないという気持ちにさせてしまいます。

また、家は人が住まなくなった瞬間に、朽ち果てていきます。どんな素材の家でもそうです。貸家でも入居者が引っ越していなくなると朽ちはじめ、そこに人がまた住みはじめると、よみがえります。茶室も同様で、使われていない茶室は廃墟です。

グロピウス（Walter Gropius 1883–1969）

ドイツ出身。ファグス製靴工場の設計で認められて、ワイマール政府に招聘され、一九一九年にバウハウスを設立、校長に就任。ナチスを逃れ、三八年に渡米。シカゴのニューバウハウスや建築家共同設計体（TAC）に参加。教育者、組織者として才能を発揮した。

近代文明のなかで、われわれはずいぶんマインドコントロールを受けてきました。その大きなものが、プライバシーという考え方です。壁のなかで他人に邪魔されず、自分自身の世界をつくるのがいいという理解がなされてきました。

しかし、たとえば「子ども部屋なんかいらない」という考え方もあります。子ども部屋をつくるから、子どもが成長しないというものです。家族といっしょに暮らしてこそ、秩序や他者との距離のとり方を学べます。壁がなくても、必要に応じて見えない壁ができることを了解するようになります。

以前、演出家の山崎哲さんと「金属バット殺人事件」をテーマに対談したことがあります。二人には、あの事件は家が起こしたものだという共通認識がありました。家は、殺人をひき起こす可能性さえもっているのです。あの事件の家には隙がありません。子どもに隙を与えるようなスペースがないわけです。ここは食事をするスペース、ここは憩うスペース、ここは子どもの部屋、というように一つひとつの空間に名前と機能がついています。だから、子どもが泣く場所がありません。親に怒られたときなど、子どもは泣くことを通じて

金属バット殺人事件
一九八〇年十一月二九日午前二時半ころ、川崎市高津区の自宅で、受験浪人二年目の予備校生(当時二十歳)が就寝中の両親を金属バットで殴打して殺害した事件。藤原新也の『東京漂流』には、その家の写真が収録されている。

無意識のうちにも、何らかのメッセージを親に送るものです。だから親からは離れていても、ちゃんと聞こえるような場所で泣くわけです。だいたい昔は廊下でした。鍵を閉めて自分の部屋のなかで泣くと、コミュニケーションが消失し、自我が肥大します。

かつて家には、訳のわからないスペースがありました。そこが実は、子どもの成長過程でうまく作用していたのです。たとえば仏間です。一般的に仏間は、だいたい西北にあります。西は死の世界を暗示しています。そこは入りにくい空間である一方で、いざというときに逃げ込む場所でもありました。家のスペースすべてに理屈をつけない方がいいのです。また、誰しもが美しいと思える空間を一か所でもいいからつくっておくべきでしょう。玄関の吹き抜けや、まっすぐ伸びた廊下、あるいは庭の一隅など、子どもの記憶に美しい場所として残っていくスペースが必要です。

住空間から床の間がなくなってしまった現在、意識的に飾りの場所をつくらなくてはなりません。そこを日々お母さんが変化させていくときの振る舞いや、飾られたものは、子どもたちにかけがえのない刺激を与えているはずです。節句など、毎年の繰り返しも大切です。人間は成長するものですが、この成長と繰り返しの絶妙なバランスが、どこかで人間を救っているのだと思います。

不思議の場所

日本家屋には、固定された用途をもたない空間が少なくない。それらはまた、古来、妖怪が出没する場所でもあった。江戸の著名な妖怪物語である「稲生物怪録」でも、仏間、床の間、違棚、納戸、押入、物置部屋、臼小屋、周り縁、客雪隠などに、妖怪があらわれている。妖怪がいる場所はまた、救いをもたらす場でもある。

現在、日本の家は過渡期にあります。これからやっと日本人の住まいの真のスタイルが生まれるはずです。そのために解決しておかなくてはいけない複雑な問題が、まだまだたくさんあります。明治以降の西洋化と近代化をめぐる問題は、いまもデザイナーや建築家たちを苦しめています。その上、集合住宅の本質を理解できないままにつくり続け、住み続けてきてしまいました。テクノロジーだけがどんどん発展したために、暮らし方についての根底から考えるチャンスが、ほとんどなかったのです。現代は、あらためて暮らしと住まいのデザインについて、きちんと問いなおすべきときなのかもしれません。

あとがき――和洋の境をまぎらかす

室町時代のなかば、わび茶の始祖である村田珠光は『心の文』のなかで、「和漢の境をまぎらかす」と述べている。これは当時の将軍の絢爛豪華な茶の湯を批判したものだが、この時期は貴族、武家、僧侶、富裕な町人たちはこぞって唐物趣味に走っていた。唐物とは中国の装飾品、日用品を指すもので、これらの美的価値を高く評価し、わずかな舶来品を競いあうようにコレクションしていたのである。そしてそれらの品を茶会を通して披露し、自慢していた。いってみれば当時の将軍家を中心とした茶会はときに展覧会でもあり、また酒と珍味による宴会でもあった。こうした風潮に対して珠光は遠く舶来のものだけを尊重し、足下の日本のものを軽んじるのはどうしたものかといった意味を込めて、そろそろ日本と中国の文化を共生しなければならないと考え、「和漢の境をまぎらかす」と述べたのである。

日本の文化は多く外来文化との共生によってつくられてきたものである。古くは六世紀、唐の文化を導入し、奈良、京都をつくることになったのだが、これらの文化と少しずつ共生しながら平安文化を生み出している。さらに鎌倉時代に導入された禅宗文化もまた室町時代にはすっかり和風化され、日本文化となっている。こうした文化の流れを一般に国風化というのだが、では何をもって国風化されるのだろうか。その一つは外来文化を日本人固有の暮らし方、「はきものを脱ぐ暮らし」、「床に座る生活」に変更することであった。六世紀の唐の文化も鎌倉時代の禅宗文化もいってみれば椅子とテーブルの暮らしである。椅子とテーブルの暮らしとは土足の暮らしのことである。日本人はこうした暮らしには馴染めず、床を張ってはきものを脱ぎ、床に座る暮らしに変更するのである。

さて今日私たちの暮らしはどうだろうか。明治に導入された西洋文化もまた椅子とテーブルの生活であった。明治政府は近代化政策のもと、こぞって椅子とテーブルの文化を強制することになる。公官庁、学校、工場、事務所、公共空間はつぎつぎと椅子の場に変更された。だが、家庭での暮らしは相変わらずはきものを脱ぎ、床に座る生活が続けられたのである。外での土足、家での靴脱ぎは今日まで私たちに生活の二重構造をつくってしまった。

いま私たちの生活には多くの椅子が使われている。食卓にいたっては、ダイニングテーブルと椅子は、もはや一般的である。しかし居間などでくつろぐときは、ソファなどに馴染むより、話がはずむにつれて床に座ることになる。こうした態度はいまだ私たちの暮らしが、必ずしも椅子の生活に馴染んでいないことをあらわしている。今日的な日本の住まいは未熟だといわざるを得ない。なぜならば私たちの好む靴脱ぎの暮らしと、床坐の暮らしに椅子の文化が真に馴染んでいないのである。

いまこそ「和洋の境をまぎらかす」時期をむかえているのだろう。

本書は、日本の空間の特性をその表層的な表現だけを見ないで、背後となる風土、歴史、文化から掘り下げたものである。和洋の境をまぎらかすということは、表層的表現を融合することではない。その文化的背景の根源性を融合させることだろう。

二十一世紀の文化は、日本文化の根源的性格に多くのヒントがあるのではないか……といった視点が、今日、ヨーロッパの哲学者、科学者、デザイナーなどから浮かび上がっている。その視点を考えたならば、和洋の境というよりも、近代的思考、科学的視点と日本あるいは東洋の文化との融合をいうのかもしれない。

本書を出版するにあたって、多くの示唆、そして多くの資料、文献を集めてくださった米澤敬氏に感謝したいとおもう。

二〇〇五年七月十九日

内田　繁

内田 繁 *Shigeru Uchida*

インテリアデザイナー。一九四三年横浜生まれ。一九六六年桑沢デザイン研究所卒業。東京造形大学、桑沢デザイン研究所客員教授。毎日デザイン賞、商環境デザイン賞、第一回桑沢賞、芸術選奨文部大臣賞等受賞。日本を代表するデザイナーとして商・住空間のデザインにとどまらず、家具、工業デザインから地域開発にいたる幅広い活動を国内外で展開。代表作に六本木WAVE、山本耀司の一連のブティック、科学万博つくば'85政府館、京都ホテルロビー、福岡のホテル・イル・パラッツオ、神戸ファッション美術館、茶室「受庵・想庵・行庵」、門司港ホテルほか。メトロポリタン美術館、サンフランシスコ近代美術館、モントリオール装飾美術館、デンヴァー美術館等に永久コレクション多数。著書に、『プライバシーの境界線』住まいの図書館出版局(1995)、『日本のインテリア 全四巻』六耀社(1994–95)、『Interior design 空間の関係・イメージ・要素』六耀社(2003)、『内田繁 with 三橋いく代 インテリア・家具・建築』六耀社(2003)、『インテリアと日本人』晶文社(2000)、『家具の本』晶文社(2001)などがある。

*——本書は、二〇〇二年五月から二〇〇四年九月まで、三井不動産会員誌『こんにちは』の連載「暮らしのデザイン」(十回連載)に大幅に加筆したものである。

茶室とインテリア

発行日——二〇〇五年九月二〇日 第一刷　二〇〇七年六月一〇日 第二刷
著者——内田 繁
編集——米澤 敬
エディトリアル・デザイン——宮城安総＋松村美由起
制作協力——三井不動産株式会社＋株式会社読売広告社
印刷・製本——株式会社精興社
発行者——十川治江
発行——工作舎　editorial corporation for human becoming
〒104-0052 東京都中央区月島1-14-7 4F
phone: 03-3533-7051　fax: 03-3533-7054
URL: http://www.kousakusha.co.jp
e-mail: saturn@kousakusha.co.jp
ISBN978-4-87502-388-3